DON BOSCO
VERLAG

Wolfgang Maier (Hrsg.)

Neue Wege der Sprachförderung

Teil 3

Materialien und Modelle für Kindergarten und Grundschule

Don Bosco Verlag

Die Deutsche Bibliothek – CIP-Einheitsaufnahme

Neue Wege der Sprachförderung : Materialien und Modelle
für Kindergarten und Grundschule / Wolfgang Maier (Hrsg.). –
München : Don-Bosco-Verl.
NE: Maier, Wolfgang [Hrsg.]

Teil 3. – 1. Aufl. – 1993
ISBN 3-7698-0650-6

Bei den Projekten „Deutsch lernen im Kindergarten" und „Neue Wege der Sprachförderung" wirkten die folgenden Kindergartenpädagoginnen mit:

Margelies Adelhoch
Rosalba Allinger
Annemarie Höllein
Elfie Mathiak
Marianne Meier
Borislava Mihajlovič
Brigitte Obermeier
Despina Pimenidou
Inge Reiner
Hildegard Schmieder
Ilse Schnoor
Müjĝan Vardar
Ingrid G. Villaín
Hedwig Wolff

Herausgeber und Verlag sind für Hinweise auf
evtl. nicht geklärte Text- oder Liedrechte dankbar.

1. Auflage 1993 / ISBN 3-7698-0650-6

Umschlaggestaltung: Alex E. Schmid, Benediktbeuern
Piktogramme: Heike Hauck, München
Fotos: Inge Reiner, München
Gesamtherstellung: Salesianer Druck, Ensdorf

Inhalt

A) Als thematische Schwerpunkte zu behandelnde Themen

B) Im Laufe des Jahres bzw. im situativen Zusammenhang zu behandelnde Themen

A19. Unser Auto

Einmal auftanken, bitte!

WORTSCHATZ

der Abschleppwagen, der Anhänger, die Antenne, der Aschenbecher, der Aufkleber, der Auspuff, das Auto, das Autokissen, die Automarke, das Autoradio, der (Auto)schlüssel, die Batterie, das Benzin, der Benzintank, das Blech, der Blinker, die Bremse, das Bremslicht, der Bus, der Dach(gepäck)träger, das Diesel(öl), das Fenster, der Führerschein, die Garage, das Gaspedal, die Handbremse, die Heckscheibe, die Heizung, das Hinterrad, die Hupe, der Kindersitz, der Kofferraum, die Kupplung, die Kurbel, der Lastwagen, das Lenkrad, der Motor, die Motorhaube, das Nummernschild, der Parkplatz, der Personenwagen, das Rad, der Reifen, der Reservereifen, der Rost, das Rücklicht, der Rückspiegel, der Rückwärtsgang, der Schalthebel, die Scheibe, der Scheibenwischer, der Scheinwerfer, das Schiebedach, der Schrottplatz, der Seitenspiegel, der Sicherheitsgurt, der Sitz, die Stoßstange, der Tachometer, die Tankstelle, der Tankwart, die Tür, der Türgriff, der Unfall, der Verbandskasten, das Vorderrad, das Warndreieck, die Werkstatt, die Windschutzscheibe.

abschleppen, absperren, anschnallen, aussteigen, blinken, bremsen, einsteigen, fahren, gasgeben, halten, hupen, lenken, losfahren, parken, reparieren, schalten, schieben, sitzen, stehenbleiben, tanken, überholen, verfahren, wechseln, zusammenstoßen.

alt, kaputt, langsam, neu, rostig, schnell.

BILDERBÜCHER UND SACHBÜCHER

Janosch: *Das Regenauto*, Rowohlt Taschenbuch Verlag, Reinbek 1972 und Ellermann Verlag, München 1985

Janosch:

- *Das starke Auto Ferdinand*
- *Das Auto hier heißt Ferdinand*

Parabel Verlag, München 1984

Lemke, S. / Pricken, M. L.: *Tut, tut, tut, wir fahren,* Ravensburger Buchverlag Otto Maier ^{30}1987

Lustig, P.: *Wie funktioniert ein Auto?,* Ravensburger Buchverlag Otto Maier ^{5}1986

Mitgutsch, A.: *Rund ums Rad,* Ravensburger Buchverlag Otto Maier 1985

Tornatore, L.: / Nannicini, R.: *Autowerkstatt und Tankstelle,* Eugen Rentsch Verlag, Zürich 1983

FINGERSPIELE

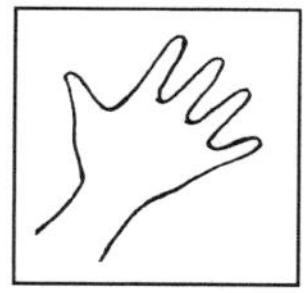

Das ist der Tankwart,
der füllt ein,
der putzt die Scheiben,
der kassiert das Geld,
der prüft die Bremsen,
und der kleine Stups fährt euch allen davon!

Das ist der Daumen, der fährt Mercedes.
Das ist der Zeigefinger, der fährt VW.
Das ist der Mittelfinger, der fährt dieses und jedes.
Das ist der Ringfinger, der fährt BMW.
Und das ist der Kleine, der geht noch per pedes.

GESCHICHTEN UND MÄRCHEN

Die Geschichte vom kleinen Auto und dem Maulwurf

Einmal hatte ein Junge ein kleines Auto, das hat er zum Spielplatz mitgenommen. Er hat sein Auto auf dem Weg hin und her fahren lassen, und auf einmal war es weg! Der Junge hat es überall gesucht, aber er konnte es nicht mehr finden. Das Auto war nämlich in ein Mauseloch gefallen, und dann ist es unter der Erde weitergefahren, immer weiter durch den langen Mäusegang. Die Mäuse sind sehr erschrocken, und sie sind alle schnell weggelaufen. Sie haben laut gepiepst vor Angst. Das hat der Maulwurf gehört. Er ist durch den Mäusegang zum Auto gelaufen, er hat daran geschnuppert, und er hat daran geknabbert. Aber das Auto hat ihm nicht gut geschmeckt. Da hat er es mit dem Kopf vor sich her geschoben, durch den ganzen langen Mäusegang, bis nach draußen. Das war eine schwere Arbeit für den Maulwurf. Die Mäuse waren sehr froh, sie brauchten jetzt keine Angst mehr zu haben. Und am anderen Morgen war ein Maulwurfshaufen neben dem Weg, und oben auf dem Maulwurfshaufen hat das kleine Auto gestanden! Der Junge ist wieder zum Spielplatz gekommen, er hat sein Auto gleich gesehen, und er hat sich gefreut.

Aus: Ursula Wölfel, *28 Lachgeschichten,* © by K. Thienemanns Verlag, Stuttgart-Wien

Der Regen-Otto

Es war einmal ein kleiner Taxichauffeur, der hatte ein schönes viereckiges Taxi, schwarz lackiert und mit einer goldenen Hupe, und der Motor lief ohne zu klappern. Es war wirklich ein solides, vornehmes Auto, es war nur ein bißchen altmodisch. Der kleine Taxichauffeur stand das ganze Jahr neben seinem Taxi, fünfzig Schritt vor dem Bahnhof, und wartete auf Leute, die in die Stadt fahren wollten. Dabei rief er immer: „Kommen Sie zum Taxi, meine Herrschaften, es wird bald regnen!“ Deshalb, und weil er außerdem Otto hieß, nannten ihn die Leute den Regen-Otto. Nur ganz selten, wenn es wirklich regnete und alle neuen funkelnden Flitztaxis unterwegs waren, kam jemand zu ihm und wollte in die Stadt fahren. Er war sehr arm, und es nützte auch nichts, daß er immer wieder rief: „Kommen Sie, meine Herrschaften, es wird bald regnen!"

Nicht weit von dem Taxi weidete jeden Tag ein Esel auf der Wiese, ein richtiger struppiger Lastesel. Der Esel sah den Regen-Otto immer allein neben seinem Taxi stehen und warten, und weil er auch allein war, ging er zu ihm, stellte sich neben das Taxi und sah ihm beim Warten zu.

„Ach, es ist ein großes Unglück, keiner kommt", sagte der Regen-Otto.

„Es kommt deshalb niemand zum Taxi", sagte der Esel, „weil es so eine dunkle Farbe hat. Heutzutage haben alle Autos helle Farben, damit man sie besser sieht. Du solltest das Taxi neu anmalen, zum Beispiel rot."

Da holte der Regen-Otto Farbe aus der Stadt und malte das Taxi an, und weil noch Farbe übrigblieb und der Esel gerade daneben stand, malte er den Esel auch gleich an.

Aber als alles fertig war, sagte er: „Nein, das gefällt mir nicht, es sieht aus wie ein Feuerwehrauto!" Und er begann, die rote Farbe wieder abzureiben.

„Gelb", sagte der Esel darauf, „Gelb ist auch eine schöne Farbe!" Da malte der Regen-Otto das Taxi mit gelber Farbe an. Aber als alles fertig war, sah das Taxi aus wie ein Postauto, und da rieb er die gelbe Farbe auch wieder ab. Und als er das Taxi dann noch grün anmalte, sah es wie ein Polizeiauto aus, und deshalb rieb er auch die grüne Farbe wieder ab.

„Nein", sagte der Regen-Otto schließlich, „so wie es immer war, so ist es am besten." Und er putzte die alte schwarze Farbe, bis sie glänzte, und polierte die Hupe und die Laternen.

„Ach, es ist doch das schönste Auto in der Welt", sagte er zum Esel. „Aber niemand weiß es außer uns beiden."

Da sah der Regen-Otto, daß der Esel immer noch rot war. Er holte Wasser und Seife und wollte die rote Farbe abwaschen. Aber, so sehr er auch bürstete und schrubbte, der Esel blieb rot.

Als wieder Fremde aus dem Bahnhof kamen, sahen sie den roten Esel und wunderten sich. Sie kamen herbei, um den Esel aus der Nähe anzusehen. „Ein roter Esel!" riefen sie alle durcheinander, und es kamen immer mehr Leute vom Bahnhof. Auch der Regen-Otto wunderte sich, denn er hatte in seinem ganzen Leben noch nie so viele Leute neben seinem Taxi stehen sehen. Er flüsterte dem Esel ins Ohr: „Wer hätte das gedacht!" und begann zu rufen: „Steigen Sie ein, meine Herrschaften, nehmen Sie mein Taxi, es wird bald regnen!"

Da sahen die Leute zum erstenmal, wie schön das Taxi war.

„Was für ein schönes altes Taxi!" riefen sie, und alle wollten sofort mit dem Taxi fahren. Aber es gab ja nur Platz für vier Personen. Zuletzt drückten sich acht Personen im Taxi, als der Regen-Otto Gas gab. Als er wieder zurückkam, waren immer noch Leute da, und wieder wurde sein Taxi voll, und dann noch einmal und immer wieder, bis zum Abend. Nach der letzten Fahrt brachte der Regen-Otto einen Sack Zucker mit für den Esel.

Nun begann eine gute Zeit für den Regen-Otto. Fast alle Fremden, die in die Stadt kamen, fotografierten den roten Esel und wollten in dem berühmten alten Taxi fahren, und die Männer von den Flitzautos machten lange Gesichter.

Reiner Zimnik

GESELLSCHAFTSSPIELE

Kim-Spiele mit Spielzeugautos bzw. mit ausgeschnittenen Autoteilen

Autorennen

Mehrere Spielzeugautos werden an gleich lange Schnüre gebunden. Das Ende der Schnur wird jeweils an einer Fadenspule (auch Zwirnrolle oder Papprolle) befestigt. Auf „Los!“ wird der Faden aufgewickelt. Das Auto, das als erstes die Ziellinie überfahren hat, hat das Rennen gewonnen.

GESPRÄCHSTHEMEN

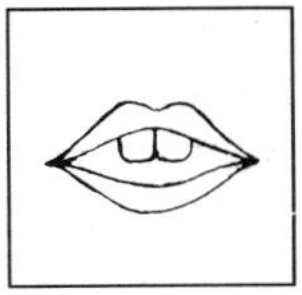

- Muß man immer und überall mit dem Auto fahren?
- Womit kann man sich sonst noch fortbewegen? (alternative Verkehrsmittel)

KÄUFLICHE SPIELE

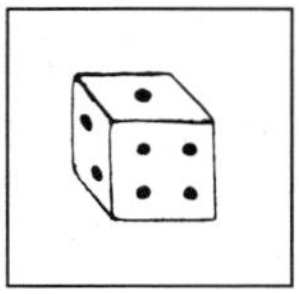

Spielzeugautos
Playmobil, Matchbox

Holzautobahn
Wehrfritz

Didacta Puzzle: *„Fahrzeuge“, „Straßenverkehr“, „Tankstelle“*
Otto Maier Verlag, Ravensburg

Zuordnungsspiel
Wehrfritz

Fahrzeuge
Lego Baukasten

Mein Auto

Text: Rolf Heerdt Melodie: Richard Rudolf Klein

2. Die Bremse los, der Motor heult,
der Winker raus, der Wagen eilt
mal links herum, mal rechts herum.
Macht Platz! Tüt tüt, brumm brumm!

3. Der Schutzmann winkt mir mit der Hand:
Fahr immer rechts am Straßenrand!
Fahr rechts auch um die Kurven rum!
Fahr rechts! Tüt tüt, brumm brumm!

Aus: *Willkommen, lieber Tag*, Bd.2, Verlag Moritz Diesterweg, Frankfurt/Main

An der Tankstelle

Text: Herbert Kümmel Melodiefassung: Richard Rudolf Klein

2. Der Tankwart faßt den Zapfhahn,
die Zeiger drehn sich leis.
I: Die Zähluhr sagt genau dir :I
die Menge und den Preis.

3. „Noch einen Wunsch, Herr Meier?“
„Ich glaub, die Luft ist knapp,
I: und wischen Sie die Scheiben :I
doch bitte auch gleich ab!“

4. „Natürlich gern, Herr Meier.
Das tu ich sowieso.
I: Sie zahlen Ihre Rechnung :I
wie immer im Büro.“

5. „Wünsch gute Fahrt!“ – „Ihr Trinkgeld!“
„Ich nehme es dankend an.“
I: Der Tankwart greift zur Mütze, :I
dann kommt der nächste dran.

Aus: *Willkommen, lieber Tag*, Bd. 2, Verlag Moritz Diesterweg, Frankfurt/Main

Mein Auto springt nicht an

Text und Melodie: Rose Götte

2. Benzinkanister her! Tut-tut!
So'n Pech, das Ding ist leer. Tut-tut!
Der Nachbar kommt mit seinem Tank,
macht mit dem Sprit mein Auto fit,
nun fährt es, vielen Dank!

Aus: Rose Götte, *Sprache und Spiel im Kindergarten*, Beltz Verlag, Weinheim u. Basel, 8., unveränd. Aufl. 1993

MALEN UND BASTELN

Die Kinder malen
- ein Auto;
- das „Superauto“, „Traumauto“, „Wunderauto“ (Phantasieaufgabe: Das Auto kann z.B. auch fliegen oder schwimmen);
- ihren „Führerschein“.

Die Kinder kleben Collagen aus
- ausgeschnittenen Autos aller Art;
- ausgeschnittenen Autos, die dann als Gemeinschaftsarbeit auf einer Straße oder Autobahn aufgeklebt werden;
- aus Bildern von Autoteilen.

Die Kinder basteln
- Autos aus Holzwäscheklammern (als Steuer und Räder dienen farbige Reißnägel);
- Autos aus großen Kartons, in die sich die Kinder hineinsetzen können.

REIME, GEDICHTE, RÄTSEL

Im Auto

Der Motor brummt: „Wenn ich nicht wär',
dann könntet ihr nicht fahren.“
Der Wischer zischt: „Wenn ich nicht wär',
woher kämen die Scheiben, die klaren?“
Die Räder surren: „Weil wir uns drehn,
braucht ihr nicht zu Fuß nach Hause gehn.“
Fritzchen hört zehn Minuten zu,
dann sagt er zum Vater: „Und was machst du?“
„Nicht viel“, sagt der Vater, „ein bißchen lenken,
Gas geben, bremsen – und an alles denken.“

Hans Baumann

Das Auto kommt

Seht her, mein rotes (usw.) Auto,
wie fährt es doch so schnell
und steig' ich auf die Bremse,
dann hält es auf der Stell'.

Das kecke Auto

Dem Doktor Frick aus unserm Ort
fuhr jüngst sein hübsches Auto fort.
Es hatte lang sich gut betragen,
ein bläulicher Personenwagen.

Jetzt fuhr es flott und ganz allein
nach Frankfurt und nach Bonn am Rhein.
Von Bonn fuhr es nach Hamburg dann
und sah sich dort den Hafen an.

Als Frick die Hoffnung schon verlor,
was tutet am Garagentor?
Pardauz, da steht das Auto wieder
und hupt zum Gruße frohe Lieder.

Josef Guggenmos

Unser Auto Theodor

Vor dem gelben Gartentor
schnauft das Auto Theodor:
„Heut fahr'n wir in die Stadt."
Vater sitzt am Steuerrad.

Theodor brummt vor Vergnügen:
„Hopp! Nun alles eingestiegen!"
Susi, Sonja, Frank und Fritz
klettern auf den Hintersitz.

Theodor, der zischt und pufft,
pustet Wolken in die Luft,
knattert: „Achtung! jetzt geht's los!"
Frank nimmt Teddy auf den Schoß.

Wer guckt hinterm Koffer vor?
Unser Dackel Wackelohr.
„Bitte", winselt er ganz leise,
„nehmt mich mit auf eure Reise."

Käte Müller

Aus: *Reime, Gedichte, Geschichten für den Kindergarten,* Volk und Wissen Verlag, Berlin

TANZ- UND BEWEGUNGSSPIELE

Lied: **Tut! Das Auto kommt**
siehe Bd. 2, Kap. A 10. Mein Weg zum Kindergarten, S. 18

SONSTIGE AKTIVITÄTEN

Die Erzieherin
- beobachtet mit den Kindern an einem verkehrsreichen Platz die vorbeifahrenden Autos (PKW, Lastwagen, Busse usw.);
- zeigt und erklärt den Kindern ihr Auto;
- besucht mit den Kindern ein geeignetes Museum (z.B. Deutsches Museum, BMW-Museum).

A20. Wir fahren in Urlaub

Bald geht's los!

WORTSCHATZ

der Ausgang, der Bahnhof, die (Bahn)schranke, der Eingang, die Eisenbahn, die Fahrkarte, der Fensterplatz, der Gang, das Gepäck, die Grenze, die Grenzpolizei, die Kelle, der Koffer, die (Lautsprecher)durchsage, der Liegewagen, die Lokomotive, der Lokomotivführer, der Paß, die Platzkarte, die Reise, das Reisebüro, der Reiseproviant, die (Reise)tasche, der Schaffner, die Schienen, der Schnellzug, der Sitzplatz, der Speisewagen, die Station, die Tasche, der Tunnel, der Wagon, der Zollbeamte, die Zollstation, der Zug, das Zugabteil.
besetzt, frei, langsam, leer, schnell, voll.
abfahren, abholen, (an)halten, ankommen, auspacken, aussteigen, an die Bahn bringen, (sich) begrüßen, einsteigen, (sich) festhalten, fragen, (hin)fahren, kontrollieren, packen, reisen nach, umsteigen, (sich) verabschieden, verzollen, winken, zurücktreten.

der Campingplatz, das Hotel, der Speisesaal, der Wohnwagen, das Zelt.
laut, pünktlich.
abreisen, bleiben, wecken.

der Biergarten, das Café, die Eisdiele, der Eisstand, der Gast, das Gasthaus, der Kellner, die Rechnung, das Restaurant, die Selbstbedienung, die Serviette, die Speisekarte, das Tablett, der Wirt.
billig, gut, heiß, kalt, schlecht, teuer, viel, wenig.
abräumen, bestellen, gerne essen, lieber haben, schmecken, servieren, gerne trinken, warten, zahlen.
Guten Appetit! Prost!

das Düsenflugzeug, der Flügel, der Flughafen, der Flugplatz, der Flugschein, das Flugzeug, der Hubschrauber, die Kontrolle, die Landebahn, die Landung, der Pilot, der Propeller, der (Sicherheits)gurt, der Sitz, der Start, die Startbahn, die Stewardess, die Wartehalle.
abfliegen, abstürzen, sich anschnallen, fliegen, landen, starten.

das Bild, der Bilderrahmen, das Dia, der Film, die Filmkamera, das Foto, das (Foto)album, der Fotoapparat, der Fotograf, der Videofilm.
farbig, schwarz-weiß.
filmen, fotografieren, knipsen.

BILDERBÜCHER UND SACHBÜCHER

Krüss, J.:
Henriette Bimmelbahn, Deutscher Taschenbuch Verlag, München 1986 (dtv junior, 7981)

Mitgutsch, A.:
– *Komm mit ans Wasser*
– *Hier in den Bergen*
Ravensburger Buchverlag Otto Maier

Scherbarth, E.:
– *Wir fahren hinaus*
– *Wir fahren an die See*
– *Wir fahren aufs Land*
Ravensburger Buchverlag Otto Maier

FINGERSPIELE

Kommt ein Flugzeug angeflogen,
noch ganz hoch in weitem Bogen,
senkt sich auf die Erde nieder,
kreist noch einmal hin und wieder,
rollt dann auf der Rollbahn aus,
kommt ihr Leute, steigt jetzt aus!

GESCHICHTEN UND MÄRCHEN

Die Geschichte vom Reisekind

Einmal wollte eine große Familie verreisen: Mutter, Vater und vier Kinder. Sie haben auf dem Bahnsteig gestanden, und alle waren sehr aufgeregt. Am aufgeregtesten war das kleinste Kind. Der Zug ist gekommen, und der Vater hat die Koffer genommen, die Mutter hat die Taschen genommen, und die großen Kinder haben den Korb mit den Butterbroten und das Netz mit den Apfelsinen und die Limonadenflasche und den Fotoapparat genommen. Das kleinste Kind sollte nur seinen Teddy tragen. Der Zug hat gehalten. Die Leute, die angekommen waren, sind ausgestiegen. Jetzt wollte die Familie einsteigen. Aber das kleinste Kind war nicht mehr da! Die großen Kinder sind gleich losgerannt und haben es überall gesucht: An der Treppe und beim Zeitungsverkäufer und am Schokoladenautomaten und hinter dem Gepäckwagen und sogar unter der Bank. Nirgendwo war das kleinste Kind! Die Mutter hat alle Leute gefragt, und der Vater hat sogar den Lokomotivführer gefragt. Keiner hatte das kleinste Kind gesehen! Da hat auf einmal jemand im Zug an die Fensterscheibe geklopft und gerufen: „Warum kommt ihr denn nicht?" Das kleinste Kind war nämlich schon längst im Zug! Alle haben gelacht und sind schnell mit den vielen Sachen eingestiegen, und der Zug konnte endlich abfahren.

Aus: Ursula Wölfel, *28 Lachgeschichten,* © by K. Thienemanns Verlag, Stuttgart-Wien

Zwieselchen verreist

Als das Auto schon fuhr und alle winkten, fragte die Tante Marlene: „Na, Zwieselchen, was glaubst du wohl, wo wir jetzt hinfahren?"
„Zum Bahnhof natürlich."
„Nein, ganz woanders hin."
„Aber du hast doch gesagt, du willst mit mir verreisen?" sagte das Zwieselchen und machte ein ganz erschrockenes Gesicht.

„Ja, das will ich auch. Aber nicht mit der Eisenbahn."
„Womit denn?" Die Tante nahm Zwieselchens Kopf und sagte ihm etwas ins Ohr. Da schrie das Zwieselchen vor Freude laut auf.
„Mit dem Flugzeug", hatte sie ihm nämlich gesagt.
Auf dem Flugbahnhof war manches so ähnlich wie auf einem anderen Bahnhof, aber manches war auch ganz anders.
Sie kamen aus dem Flugbahnhof heraus und sahen viele Flugzeuge. Manche flogen weg, manche kamen angeflogen und summten lauter als tausend Riesenbienen zusammen. Manche lagen auch still auf dem riesigen Grasplatz und ruhten sich aus. Das Zwieselchen wunderte sich darüber, daß sie so groß waren; es hatte gedacht, die kleinen Flugzeuge wären so groß wie die Störche und die großen so groß wie Ruderboote.
Beim Einsteigen wunderte das Zwieselchen sich aber noch mehr, denn drinnen im Flugzeug sah es ganz ähnlich aus wie in einem Zimmer oder wie in der Eisenbahn. Viele Menschen saßen da und lasen die Zeitungen, und eine Frau schälte für ihre Tochter eine Apfelsine.
Da sagte die Tante Marlene: „Bleib sitzen, Zwieselchen, wir müssen uns anschnallen, es geht los."
Und im selben Augenblick fingen die tausend Riesenbienen an zu summen, und das Zwieselchen merkte, daß das Flugzeug angefangen hatte zu fahren.
Das Zwieselchen setzte sich nun wieder hin und sagte: „Es fliegt ja gar nicht! Es fährt ja bloß auf der Erde!"
„Aber jetzt fliegt es", sagte bald darauf die Tante Marlene, und als das Zwieselchen aus dem Fenster sah, da merkte es, daß sie immer höher in die Luft stiegen. Ja, jetzt flogen sie schon ganz richtig. Alles sah so klein aus wie Weihnachtsspielzeug, die Häuser und die Kirchen und die Bäume und Menschen und Autos. Tief unten blitzte das Wasser wie Fensterglas in der Sonne. Alles wurde immer kleiner, und schließlich sah es auch nicht mehr aus wie Spielzeug, sondern wie Vaters Atlas; die Städte rot und die Flüsse und Seen blau und die Wiesen und Wälder grün.
Eine Zeitlang sah das Zwieselchen zum Fenster hinaus und fand alles wunderhübsch. Aber dann gefiel es ihm nicht mehr. Es wurde ihm heiß im Kopf, und es wurde ihm schwindlig, und es war ihm so zumut, als müßte es krank werden. Vielleicht kam das vom Fliegen. Darüber ärgerte sich das Zwieselchen und sagte zur Tante Marlene: „Das Flugzeug soll jetzt anhalten. Ich will aussteigen."
„Da mußt du noch ein bißchen Geduld haben", antwortete die Tante Marlene.
„Ich will aber keine Geduld haben! Ich will aussteigen! Und ich will nie wieder Flugzeug fahren!" Dabei kamen dem Zwieselchen schon die Tränen in die Augen. Aber das half alles nichts, das Zwieselchen mußte eben Geduld haben, und dann wurde ihm auch bald besser, und als ihm ganz gut geworden war, da ging das Flugzeug wieder hinunter, und bald darauf lag es still auf der Erde.
Die Tante Marlene nahm das Zwieselchen bei der Hand, und sie stiegen aus.
„Los, los, Zwieselchen, komm schnell", rief die Tante Marlene, und sie stiegen in ein Auto. Als sie wieder ausgestiegen waren, waren sie an der See angekommen.
Die Reise war sehr schnell gegangen. Wären sie mit der Eisenbahn gefahren, hätte die Geschichte ein paar Seiten länger gedauert.

Aus: Werner Bergengruen, *Zwieselchens große Reise*,

Der verhaftete Papagei

Natürlich wißt ihr, wie so ein Papagei aussieht – rot und grün und gelb und blau wie eine Malerpalette und mit einem Schnabel, der nicht nur tüchtig zuhacken, sondern auch sprechen kann.
Koko, der Papagei, von dem hier die Rede ist, gehörte dem Stationsvorsteher eines kleinen Städtchens. Das Stationsvorsteherhäuschen stand ein paar Dutzend Meter vor dem Bahnhofseingang, es war aus roten Ziegelsteinen erbaut, und an seinen Fenstern wuchsen das ganze Jahr die schönsten Blumen: Vergißmeinnicht im Frühling, Geranien im Sommer, Astern im Herbst und Eisblumen im Winter. Es war ein lustiges, kleines Haus, und selbst der Ruß von den vielen Eisenbahnzügen, die Tag und Nacht vorbeidampften, konnte ihm nichts anhaben.
Direkt vor dem Stationsvorsteherhäuschen nämlich liefen die Schienenstränge in allen Richtungen, sicher hättet ihr auch gern in einem solchen Häuschen gewohnt. Koko, der seit Jahren schon in einem großen Käfig am Mittelfenster stand, hätte euch allerdings den Platz nicht geräumt! Wie das manchmal so vorkommt, hatte er längst vergessen, daß er der Papagei des Stationsvorstehers und nicht der Stationsvorsteher selber war.
Die Leute in den Zügen kannten Koko schon und winkten ihm zu, wenn sie vorüberfuhren.
„Hallo, Herr Stationsvorsteher!" riefen sie, „wie geht das Geschäft?" Und da sie es zum Fenster hinausriefen, konnte Koko sie wohl verstehen. „Bösewichte", schnappte Koko zurück, „Dummköpfe, Faulenzer!" und noch eine ganze Reihe schlimmer Schmähworte. Er hatte nicht umsonst den Schienenritzenputzern unter seinem Fenster zugehört, und gelehrig war er auch. Zu gelehrig, das werdet ihr gleich sehen!
Der Stationsvorsteher hatte eine Pfeife, mit der er seine Signale gab. Er hatte ganz verschiedene Pfiffe, lange und kurze, hüpfende und schleifende, Trillerpfiffe und Staccatopfiffe, und jeder Pfiff hatte seine besondere Bedeutung. Er pfiff den Zügen zu: Haltet an oder fahrt weiter, geht langsam, geht schnell, paßt auf und stoßt nicht aufeinander, und so weiter, und so weiter! So viele Pfeifsignale gab es, daß nur ein Stationsvorsteher sie alle meistern kann, ja, so ein Stationsvorsteher ist ein ganz wichtiger Mann und eigentlich der König des Bahnhofs.
Koko aber hatte einen hellen Kopf, und ehe der Stationsvorsteher auch nur das leiseste ahnte, hatte ihm Koko seine Pfiffe abgelauscht. Er wäre kein richtiger Papagei gewesen, wenn er das nicht fertiggebracht hätte.
Und so geschah es eines Tages, als der Schnellzug „Vom Berg zum Meer" heranbrauste, daß Koko das Haltsignal pfiff. Natürlich wußte er nicht, daß sein Pfiff das Haltsignal bedeutete, es war ihm nur gerade so durch den Kopf gegangen.
Der Lokomotivführer vom Berg-zum-Meer-Zug erschrak fürchterlich, denn sein Schnellzug hielt niemals an dieser kleinen Station. Er bremste so stark, daß alle Reisenden von den Bänken fielen und der Kellner im Speisewagen den ganzen Kaffee verschüttete. Und dann stand der Zug still!
Der Stationsvorsteher kam vor Entsetzen ohne Mütze auf den Bahnsteig gestolpert und wußte überhaupt nicht, was los war.
„Warum hast du das Haltsignal gepfiffen?" schrie der Lokomotivführer und war puterrot im Gesicht.
„Ich habe es gar nicht gepfiffen", stammelte der Stationsvorsteher und war nicht puterrot, sondern käseweiß im Gesicht.
„Du hast wohl zu tief ins Glas geguckt?" tobte der Lokomotivführer und vergaß, daß ein Lokomotivführer niemals so mit einem Stationsvorsteher reden darf, denn wie gesagt, der Stationsvorsteher ist der König des Bahnhofs. Der Stationsvorsteher, in dessen Hirn alles durcheinanderwir-

belte, wollte gerade eine Antwort geben, als das Abfahrtssignal ertönte.
Bin ich noch der Stationsvorsteher oder bin ich's nicht? dachte er verzweifelt und griff nach seiner Mütze, die nicht da war. Der Zug aber dampfte mit zornigen Rauchwolken schnell davon, denn er mußte die verlorene Zeit einholen.
Leider blieb es nicht nur bei diesem einen Geschehnis; zwei Tage danach entstand ein solcher Wirrwarr vor dem Stationsvorsteherhäuschen, wie er sich in der ganzen Bahnhofsgeschichte noch nie zugetragen hatte.
„Halt" pfiff es und „Los" pfiff es und „Rückwärts" und „Vorwärts", die Lokomotivführer wußten sich überhaupt nicht mehr zu helfen, und zuletzt waren sie ganz einfach alle festgefahren. Keiner konnte sich mehr von der Stelle rühren, und der Stationsvorsteher eilte herzu und raufte sich das Haar.
„Bösewichte, Dummköpfe, Faulenzer!" hagelte es da auf den Stationsvorsteher und die Lokomotivführer und die Reisenden nieder, daß es nur so eine Art hatte.
„Oho!" rief der Stationsvorsteher, „du bist es, Koko, du hast dieses ganze höllische Durcheinander angerichtet. Wie konnte ich ahnen, daß du meine Pfeifsignale so täuschend nachahmst, elender Spitzbube!"
Und „Elender Spitzbube" schrie der Gendarm zum Fenster hinauf und stürmte über die Treppe des Stationsvorsteherhäuschens direkt auf Koko los.
„Ich verhafte dich", sagte er dann im Amtston zu Koko, „du bist ein Verbrecher und mußt mit ins Gefängnis, und zwar auf der Stelle."
Während der Stationsvorsteher die Züge auf ihren Schienen hin und her kommandierte, so daß sie zuletzt wieder in der richtigen Ordnung abdampften, schleppte der Gendarm den Verbrecher auf die Polizeiwache.
„Du bist mir ein rechter Halunke", sagte der Wachtmeister, „und obgleich ich schon fünfundzwanzig Jahre im Dienst bin, ist mir so etwas noch nicht vorgekommen. Wie soll ich dich nur bestrafen, denn eine tüchtige Strafe hast du verdient."
„Mit Verlaub", sagte der Gendarm, „eigentlich müßte man ihn einsperren bei Wasser und Brot, aber wie kann man einen einsperren, der schon eingesperrt ist?" Und damit wies er auf den Käfig, in dem der Papagei mit gesträubten Federn saß.
„So muß er drei Tage im Dunkeln sitzen", sagte der Wachtmeister, „Dunkelarrest, das ist das richtige für ihn." Und obgleich der Papagei „Bösewichte, Faulenzer, Dummköpfe!" schrie, nützte ihm das gar nichts. Man stellte ihn auf den Boden einer Gefängniszelle, in der nur ganz oben ein winziges Fensterchen war.
Vielleicht sollte ich noch berichten, daß der Stationsvorsteher, nachdem Ruhe im Bahnhof eingekehrt war, in seiner roten Mütze auf der Polizeiwache erschien und um Gnade für Koko bat.
„Schließlich ist ja nichts passiert", sagte er, „und ein Papagei bleibt trotz allem ein Papagei!"
So kam es, daß Koko schon nach ein paar Stunden aus seinem Dunkelarrest erlöst wurde, aber an das Mittelfenster des Stationsvorsteherhäuschens durfte er nicht mehr zurück. Der Stationsvorsteher verbannte ihn in sein Hinterzimmer, das auf eine Wiese hinausging. Dort kann er höchstens den Amseln und Spatzen Signale vorpfeifen oder vielleicht dir und mir, wenn wir zufällig vorbeispazieren.

GESELLSCHAFTSSPIELE

Eisenbahn

Die Kinder sitzen oder stehen im Kreis. Ein Kind wird zur Lokomotive ernannt. Es bewegt sich mit entsprechenden Fahrgeräuschen langsam durch die Gruppe und stellt sich seinen „Zug" zusammen, indem es nach und nach beliebige Kinder auffordert, sich als Wagen (beide Hände jeweils auf die Schulter des vorderen Kindes legen) hinten anzuhängen. Sind alle Kinder im Spiel, dreht der Zug noch einige Runden, bis die „Lokomotive" oder ein Spielführer rufen: „Achtung, der Zug hat Einfahrt in den Hauptbahnhof!". Die Kinder verlangsamen die Fahrt. Bei „Der Zug hält!" stellen alle die Eisenbahngeräusche ein und bleiben stehen. Es können auch einzelne Wagen abgehängt und an ihren Platz zurückbegleitet werden z.B. „Wagen Christian bleibt in diesem Bahnhof!"

Frau Fröhlich will auf Reisen geh'n

„Frau Fröhlich will auf Reisen geh'n. Was braucht sie dazu?"
Jedes Kind erhält den Namen eines Gegenstandes, den man auf einer Reise braucht. „Frau Fröhlich" geht im Kreis herum und versucht zu erraten, was die einzelnen Kinder „sind". Das letzte Kind ist der „Esel zum Reiten".

Die Reise nach Jerusalem

Koffer packen

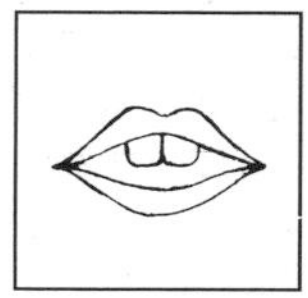

GESPRÄCHSTHEMEN

- Wo wart ihr schon einmal in Urlaub?
- Wohin möchtet ihr (dieses Jahr) gerne reisen?
- Im Urlaub ist vieles anders als sonst.
- Muß man im Urlaub (in den Ferien) immer verreisen?
- Wie kann ich auch zuhause „Urlaub machen"?

KÄUFLICHE SPIELE

Konstruktionsmaterial zum Bauen von Eisenbahnen, Flugzeugen, Schiffen und Autos
z.B. Lego, Constri, Plastikant, Fischertechnik

Lustiges Rucksackpacken
Wehrfritz

Contura Puzzle: *„Das Flugzeug“*
Didacta Puzzle: *„Bahnfahrt“, „Im Hafen“, „Auf dem Flugplatz“*
Otto Maier Verlag, Ravensburg

Puzzle-Kette „Die Eisenbahn“
Pestalozzi Verlag

Holzeisenbahn
Brio

Spielzeugautos, -schiffe und -flugzeuge
verschiedene Hersteller

Zuordnungsspiel (Thema: Reise)
Wehrfritz

Das große Helferspiel: *„Am Bahnhof“*

Schaffnergarnitur

Globus

LIEDER UND SPIELLIEDER

Auf dem Bahnhof

Text: Adolf Holst Melodie: Richard Rudolf Klein

2. Auf den Treppen welche Menge!
An den Schaltern welch Gedränge!
Wie sie stürzen, wie sie laufen,
Schieben, stoßen, Karten kaufen!
Mit zwei Koffern, groß und schwer,
hetzt der Vater hinterher.

3. Dampfend auf der blanken Schiene
faucht schon zornig die Maschine.
Plätze suchen! Rufen! Fragen!
Kofferwerfen! Türenschlagen!
Endlich drinnen, klein und groß –
Fertig! Abfahrt! Jetzt geht's los.

Aus: *Willkommen, lieber Tag*, Bd.2, Verlag Moritz Diesterweg, Frankfurt/Main

Die große Reise

Text: Ortfried Pörsel Melodie: Heinz Lemmermann
(Dem 1. Teil der Melodie liegt eine Volksweise aus Texas zugrunde.)

2. I: Sabine, willst du mit mir fahren
in die weite Welt,
nach Texas in Amerika?
Es kostet dich kein Geld. :I
I: Nein! Rirarumsdala,
da wäre ich ja dumm;
du fährst mir leider viel zu schnell,
da kippt das Auto um. :I

3. I: Sabine, willst du mit mir gehn
hinaus in Wald und Feld?
Da suchen wir uns Pilze dann.
Es kostet dich kein Geld. :I
I: Ja! Rirarumsdala,
da geh ich gerne aus,
denn große Pilze such ich gern,
die braten wir zu Haus. :I

ersatzweise als 3. Strophe:

I: Sabine, willst du mit mir kommen
in den großen Saal?
Es sind so viele Leute hier,
drum singen wir noch mal :I

I: Ja! Ri-ra-rumsdala,
heut soll es lustig sein,
und wenn ihr jetzt nicht alle klatscht,
dann klatschen wir allein. :I

Aus: Anneliese Gaß-Tutt, *Tanzkarussell 1,* Fidula-Verlag, Boppard/Rhein u. Salzburg

Wir fahren in die Ferien

Text: Rolf Krenzer Melodie: Inge Lotz

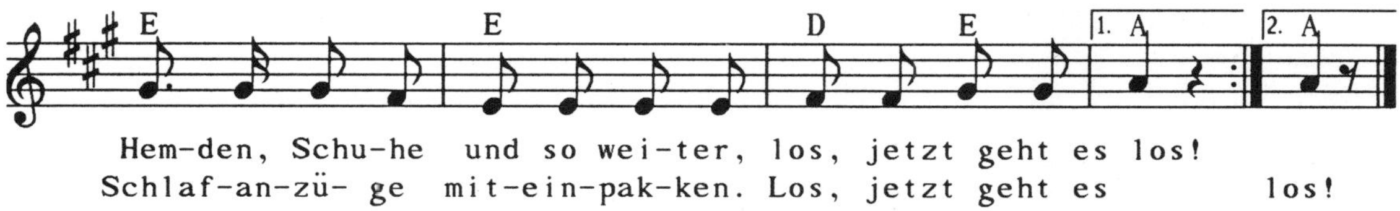

Refrain
2. Waschlappen und Badeschwämme,
   Badetücher, Bürsten, Kämme,
   los, jetzt geht es los!
   Schuhputzzeug und Spiele, Bücher,
   Hustensaft und Taschentücher.
   Los, jetzt geht es los!

Refrain
3. Milch und Limonadenflaschen,
   Koffer, Schachteln, dicke Taschen,
   los, jetzt geht es los!
   Türen auf! Nicht lange warten.
   Alle winken, wenn wir starten.
   Los, jetzt geht es los!

Refrain:
Wir fahren in die Ferien.
Das Auto startet schon.
Wir fahren in die Ferien
und hui, sind wir davon,
und hui, und hui,
und hui sind wir davon!

Aus: *Wir sind die Musikanten*, v. Rolf Krenzer, Inge Lotz u.a., Ernst Kaufmann Verlag, Lahr/Kösel Verlag, München

Lied: **Kofferpacken**
siehe Bd.1, Kap. A 2. Meine Kleidung und mein Schmuck, S.59

MALEN UND BASTELN

Die Kinder malen
- Reiseziele (z.B. „Am Meer“, „Im Gebirge“)
- Verkehrsmittel (Bahn, Flugzeug, Schiff, Auto)
- Ansichtskarten.

Die Kinder basteln
- einen Koffer aus Karton;
- eine große Lokomotive aus Wäschetrommeln und Schachteln;
- einen Reisebus oder Zug aus großen Kartons, in die man sich setzen, und mit denen man „verreisen“ kann;
- einen kleinen Zug aus Streichholzschachteln;
- einen Photoapparat;

- ein Fernrohr aus Papprollen;
- Fahrkarten;
- einen Reisepaß.

Die Kinder falten Flugzeuge, Schiffe, Sonnenhüte, Sonnenschirme, Zelte aus Papier.

Die Kinder zerschneiden Ansichtskarten zu Puzzles.

Die Kinder stellen Collagen her zu den Themen:
- Was packe ich alles in meinen Koffer (Rucksack)?
- Was gibt es auf dem Bahnhof (dem Flugplatz) alles zu sehen?
- Urlaub am Strand (im Gebirge).

REIME, GEDICHTE, RÄTSEL

Ein Zug fährt vorbei

Ratter-ratter, mit Geknatter
rollt an mir ein Zug vorbei,
und ich stehe an der Schranke,
zähl die Wagen: 1, 2, 3 ...

Wohin mag die Reise gehen?
Fährt der Zug gar nach Madrid?
Ach, warum muß ich hier stehen,
könnte ich doch einmal mit!

Wohin wird der Opa fahren,
der dort aus dem Fenster schaut?
Und der Junge, der zufrieden
eine Buttersemmel kaut?

Geht's nach Neudorf? Geht's nach Frankfurt?
Oder gar in die Türkei?
Oder zu den Indianern?
Ach, mir wär' es einerlei!

Säße ich nur einmal drinnen,
reiste in die Welt hinaus!
Doch wie soll ich das beginnen?
Ach, ich gehe jetzt nach Haus!

Christel Süßmann

Ferienkoffer

„Kinder, einsteigen, es wird Zeit!"
Der Wagen steht zur Abfahrt bereit,
bis obenhin ist der Kofferraum voll.
„Du meine Güte!", sagt Vater, „Wo soll
denn dieser Riesenkoffer noch hin?"
Er hebt ihn auf. „Da ist ja nichts drin!"
„O doch", sagt Kurtchen, „vorsichtig anfassen –
ich hab ihn voll Sonne scheinen lassen,
und wenn es mal regnet, dann machen wir
schnell
den Koffer auf, gleich wird's wieder hell."

Hans Baumann

Im Flugzeug

Steigst du in ein Flugzeug ein,
sei nicht bang, mein Lieber.
Solch ein Flug ist wunderfein
und geht schnell vorüber.

Wie ein Vogel in der Luft
fliegst du durch das Weite.
Manchmal schwankt das Flugzeug auch
etwas auf die Seite.

Unter dir das Dörfchen hat
Streichholzschachtelgröße,
braust dein Flugzeug drüber hin,
schnell und mit Getöse.

Bäume sind ein Wattebausch
und die Menschen drunter
sind von oben fliegengroß
oder noch darunter.

Wie ein Faden ist der Fluß,
winzig klein die Brücke,
und die Felder sind, jawohl,
lauter Flickenstücke.

Aus dem Fenster kannst du all
diese Dinge sehen.
Ja, ein Flug ist wunderschön,
das wirst du verstehen.

Bruno Horst Bull

*

Auszählreim
Eine kleine Dickmadam
fuhr mal mit der Eisenbahn.
Eisenbahn, die krachte,
Dickmadam, die lachte.
I – a – u, drauß' bist du!

*

Zungenbrecher
Flink fliegen Flugzeuge flach vorbei.

*

Es hat zwei Flügel lang und breit
und doch fehlt ihm das Federkleid.
(Flugzeug)

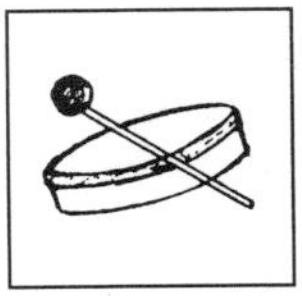

SPRACHE UND RHYTHMIK

Verreisen

Ziele:
- Erleben, zu führen und geführt zu werden.
- Förderung der Entscheidungsfähigkeit.
- Üben, ein vorgegebenes Tempo in Bewegung umzusetzen.

Material:
ein Klang- oder Schlaginstrument, mehrere Reifen.

Durchführung:
Auf einem Bahnhof stehen viele Leute. Alle wollen verreisen. Der erste Zug soll abfahren. Drei

bis fünf Kinder finden sich zunächst zusammen und „steigen ein“. Jeder legt dem Vordermann die Hände auf die Schulter. Der besetzte Zug fährt durch den Raum, in dem auf dem Boden liegende Reifen einzelne Bahnhöfe kennzeichnen. Die übrigen Kinder finden sich nun ebenfalls zu Zügen zusammen und fahren los.

Während der Zufahrt ertönt eine vom Erzieher improvisierte Fahrmusik (z.B. auf einem Klang- oder Schlaginstrument ein betonter und drei unbetonte Schläge), nach deren Tempo sich die Kinder beim Laufen richten.

Das Langsamwerden der „Fahrmusik“ ist für die Kinder das Zeichen, daß der Zug sich einem „Bahnhof“ nähern muß. Sobald die Musik aufhört, steht jeder Zug an einem Reifen still. Die Kinder stellen nun den Zug um und bestimmen, wer jetzt zur Lokomotive werden soll. Die Begleitmusik zeigt die Abfahrt, das Tempo und das Ankommen am nächsten Bahnhof an, wo wieder ein anderes Kind zur Lokomotive wird. Zum Schluß steigen alle Kinder an einem von ihnen gewählten Bahnhof aus.

Aus: Christa Nitz, *Praxis der Vorschulerziehung*, Kallmeyer’sche Verlagsbuchhandlung, Seelze-Velber

TANZ- UND BEWEGUNGSSPIELE

Einsteigen! Türen schließen!

Text: Rolf Krenzer Melodie: Inge Lotz

2. Immer schneller, immer schneller,
Vorsicht an der Tür!
Und jetzt langsam, ganz, ganz langsam –
Und schon halten wir.

Refrain: Aussteigen! Aussteigen!
Klein und Groß!
Einsteigen! Einsteigen!
Jetzt geht's los.

Einer ist Fahrdienstleiter. Wir steigen mit Gepäck in den Zug (Stuhlreihe) ein, schließen die Türen, zeigen unsere Fahrkarte auf Verlangen des Schaffners vor, steigen am Zielbahnhof aus ... usw. Wir stellen die Eisenbahn dar, fassen uns an den Händen und laufen hintereinander her. Einer ist die Lokomotive.

Aus I. Lotz/R. Krenzer, *Hast du unsern Hund gesehen?*, Ernst Kaufmann Verlag, Lahr/Kösel Verlag, München

Steigen wir in unseren Wagen

Text: Rolf Krenzer Melodie: Inge Lotz

2. Hinten kann man Limo trinken,
freundlich fremden Leuten winken,
kann nach allen Seiten schaun
und zufrieden Bonbons kaun.

3. Man kann Schwarzer Peter spielen,
andern in die Karten schielen,
hinten liest man mit Genuß
dicke Bücher bis zum Schluß.

4. Hinten kann beim Überholen
man sich freuen und verstohlen
andern lange Nase drehn.
Vorn, da kann man das nicht sehn.

5. Vorn muß man den Gurt anlegen,
hinten kann man sich bewegen.
Vorn ist die Gefahr oft groß.
Hinten, da ist stets was los.

6. Muß der Fahrer vorne schaffen,
kann man hinten ruhig schlafen.
Und man ist, eh man erwacht,
schon ans Reiseziel gebracht.

7. Steigen wir in unsern Wagen,
wollen wir es allen sagen:
„Hast du keinen Führerschein,
komm zu uns, steig hinten ein!"

Alles, was in den einzelnen Strophen vorgestellt wird, kann man auch spielen. Zwei mal zwei Stühle hintereinander stellen das Auto dar. Die Eltern steigen vorn ein und gurten sich fest (Wäscheleine, Gurt).

Die Kinder steigen hinten ein und dürfen, während die anderen das Lied singen, all das pantomimisch ausführen, was der Text aussagt.

Aus: *Wir sind die Musikanten*, v. Rolf Krenzer, Inge Lotz u.a., Ernst Kaufmann Verlag, Lahr/Kösel Verlag, München

SONSTIGE AKTIVITÄTEN

Kreisspiel
„Ich reise nach Amerika und wer will mit?
Die Anne mit dem roten Rock, ja die muß mit!"
Das „verreisende" Kind nennt nacheinander die Namen seiner Mitspieler und ein Kleidungsstück, das sie tragen.

Die Erzieherin und die Kinder
- besprechen mitgebrachte Ansichtspostkarten und Urlaubsfotos;
- betrachten Prospekte von Reisebüros. Bilder zu einem bestimmten Thema wie z.B. „Urlaub am Wasser" werden ausgeschnitten und an einer „Urlaubs"-Pinwand angebracht;
- besuchen einen Bahnhof oder einen Flugplatz;
- besichtigen Eisenbahnen, Schiffe, Flugzeuge, Autos in einem Museum;
- unternehmen einen Ausflug mit Bahn oder Bus;
- besichtigen einen Wohnwagen;
- bauen ein Zelt;
- kochen Gerichte aus anderen Ländern.

B) Im Laufe des Jahres bzw. im situativen Zusammenhang zu behandelnde Themen

B1. Unser Spielzeug

Spiel und Spaß im Kindergarten

WORTSCHATZ

der Abenteuerspielplatz, das Angelspiel, der Arztkoffer, der Ball, das Basteln, der Baukasten, der Bauklotz, der Baustein, das Bilderbuch, das Bilderlotto, die Constribausteine, das Domino, der Drachen, das Dreirad, der Eimer, die Eisenbahn, das Fahrrad, das Faschingskostüm (z.B. Clown, Indianer), die Fischertechnik, das Geschichtsbuch, der Kegel, das Klettergerüst, der Kreisel, die Kugel, die Langeweile, das Lego, die Leiter, der Luftballon, das Märchenbuch, das Memory, das Mikado, die Minibücher, der Muggelstein, die Munition, die Murmel, das Nopper, die Pferdeleine, das Planschbecken, das Playmobil, das Plastilin, die Puppe, das Puppenbett, das -geschirr, die -kleider, die -küche, die -möbel, der -wagen, die -wiege, das Puzzle, der Rechen, der Reifen, der Roller, die Rutschbahn, der Sandkasten, das Sandförmchen, das Sandspielzeug, die Schaufel, die Schaukel, das Schaukelpferd, der Schneeball, der Schneemann, der Schusser, das Sieb, der Sieger, das Spiel, die Spielkarte, die Spielregel, das Spieltelefon, das Spielzeug, das Springseil, das Steckenpferd, das Steckspiel, die Stelzen, das Stofftier, der Teddybär, der Verlierer, das Wettspiel, der Würfel, das Würfelspiel.

fein, feucht, fröhlich, groß, langweilig, locker, lustig, naß, trocken.

aufräumen, austeilen, auszählen, basteln, bauen, sich drängen, fahren, formen, sich freuen, gewinnen, graben, kegeln, klettern, legen, mischen, mitspielen lassen, mogeln, rollen, rutschen, schaufeln, schaukeln, schwindeln, sieben, spielen, stecken, steigen, suchen, sich verkleiden, verlieren, werfen, zeichnen, zeigen, zuschauen.

Anmerkung:
Der obige Wortschatz ist im Zusammenhang des jeweiligen Spieles zu vermitteln und zu festigen. Aus pädagogischen Gründen wird besonderer Wert auf selbstgebasteltes Spielzeug gelegt.

BILDERBÜCHER UND SACHBÜCHER

Lemke, S.: *Basteln, lachen, selbermachen,* K. Thienemanns Verlag, Stuttgart 1989

Lionni, L.: *Alexander und die Aufziehmaus,* Gertraud Middelhauve Verlag, Köln

Peter und der Ball

Peter spielt mit seinem schönen neuen Ball.
Er wirft ihn hoch in die Luft und fängt ihn wieder auf.
Peter versucht, den Ball noch höher zu werfen
Plötzlich – päng – fällt der Ball auf die harte Erde.
„Au, das tut mir weh“, schreit der Ball.
Aber Peter hört es nicht, denn der Ball rollt den Berg hinunter.
„Au, da ist ein Stein“, jammert er, „ich habe mich gestoßen!“ Und wieder ein Stein: „Au!“
Immer schneller, immer schneller saust er bergab.
„Halt, halt“, ruft der dicke Holunderbusch und fängt den Ball auf. Da liegt der große bunte Ball unter dem Holunderbusch und ist durch die grünen Zweige versteckt.
Er fühlt sich ganz allein und bekommt Angst.
„Hier findet mich niemand“, denkt er.

Plötzlich werden die Zweige auseinandergebogen, und ein fremder Junge schaut ihn erstaunt an.
Zwei Hände greifen den Ball und holen ihn aus dem Versteck.
Da kommt auch schon Peter angelaufen und ruft: „Da ist ja mein Ball!“
Peter sieht den fremden Jungen lange an und fragt dann: „Wollen wir zusammen mit meinem Ball spielen?“
Der fremde Junge lacht und wirft Peter den Ball zu.
Und schon geht das Spiel los.
Da freut sich der Ball und denkt bei sich: „Jetzt bin ich nicht mehr allein.“

Georg Zeissner

Aus: Georg Zeissner/B. Lotz, *Vorlesebuch Kindergarten,* Stam Verlag, Köln

Ein Kinderhaus

Die Eltern der vier Geschwister hatten ein kleines, gemütliches Haus. Es war am Stadtrand gelegen, rings von Heide und Gras, von Birken und Kiefern umgeben. Aber dennoch wollten die vier Geschwister immer eine eigene Wohnung haben.
Heute hatten sie aus drei alten Decken, zwei verstaubten Tapetenrollen, mit Strick, Pappe, Kissen und Tüchern im tiefen Unterholz eine zeltartige Hütte gebaut. Sie spielen gerade, sie seien Chinesen. Sie saßen mit untergeschlagenen Beinen da und aßen mit kleinen Stöckchen Rosinen und Kekse, die Mutter gestiftet hatte.
Da kam der Wind. Eigentlich war es ein Sturm. Keiner hatte ihn kommen hören, plötzlich tobte er los. Und dazu platschte ein Regenguß auf ihr Tapetenhaus herunter. Ach, du meine Güte! Da war nicht viel zu retten. Nein, da konnten die armen Chinesen nur packen und greifen und retten, was sie tragen konnten. Und dann rasten sie schreiend ins Haus. Und der Sturm schlug die Haustür krachend hinter ihnen zu.
Der Vater kam an diesem Aprilabend spät nach Hause. „Buh, dieses Wetter“, rief er, „ich habe mich so auf euch gefreut.“ Und er küßte die Mutter. Als er ins Kinderschlafzimmer trat, lachte er: „Heut ist es mir fast wie euch ergangen. Ich hätte

eben auf unserem Grundstück draußen beinahe Angst bekommen. Kaum steige ich aus dem Wagen, da flattert ein weißgrauer Riesenvogel an mir vorüber." – „Ach wirklich?" Die Kleinen erschraken. Jochen aber rief: „Du, Vater, das ist unsre Hütte." – „Was?"
„Ja, ja", schrie Sabine, „der Vogel war die Tapete, bestimmt!" Sie redeten und schrien alle durcheinander, bis Vater begriff und alles erfuhr. Auch ihre Flucht und das klägliche Ende ihres Hüttchens. Richtig traurig wurden die Kinder. Aber plötzlich lächelte der Vater geheimnisvoll und flüsterte: „Ich hab's!" – „Was ist, Vati?" – „Hört einmal her!"
Sie hüpften über Betten und Schemel, Puppenwagen und Schaukelpferd. Der Vater nahm einen Bleistift und einen Zettel aus der Tasche und begann darauf zu zeichnen: „Also, wie lang soll es werden? Und wie breit?"
„Was denn, Vati?"
„Euer Gartenhäuschen!"
Eine Sekunde waren sie sprachlos vor Staunen, aber nicht länger. Dann kletterten sie alle auf Andreas' Bett, auf dessen Rand Vater saß, und umringten ihn. Sie riefen und fragten und lachten und kamen so dicht von allen Seiten auf Vater zugekrochen, daß er gar nicht mehr zeichnen konnte. Tausend Vorschläge machten sie, immer wieder fiel ihnen etwas Neues ein. Aber gleich wußte ein anderer noch etwas Besseres.
„Und steht das Häuschen dann richtig fest?"
„Bleibt das auch im Winter draußen?"
„Bekommt es richtige Fensterscheiben?"
„Ja ja", nickte der Vater.
Sie jauchzten vor Freude so laut, daß Mutter hereinsah und verwundert fragte: „Bin ich hier auf dem Rummelplatz?"
„Nein – im Zeichenbüro. Wir bauen ein Haus!"
„Was ...?"
„Ein richtiges Kinderhaus, Mutti!"

Aus: Kurt-Oskar Schmidt-Buchner, *Das kleine Waldhaus,* Obpacher Buch- und Kunstverlag

Geschichte: **Die Geschichte vom Springseil**
siehe Bd. 2, Kap. A 13. Unsere Stadt, S. 56

LIEDER UND SPIELLIEDER

Mein Schmusebär

Text und Melodie: Rose Götte (Teile überliefert)

2. Den Schmusebär geb ich nicht her,
ich will auch keinen andern mehr.
In dunkler Nacht halt ich ihn sacht
bis morgen früh die Sonne lacht.

Bemerkungen:
Wer seinen Schmusebär oder ein Schmusetier mitbringen möchte, soll das tun. Dann wird das Lied für die Schmusetiere gesungen.

Aus: Rose Götte, *Sprache und Spiel im Kindergarten,* Beltz Verlag, Weinheim u. Basel, 8., unveränd. Aufl. 1993

Mein Schaukelpferd

Text: James Krüss Melodie: Wilhelm Keller

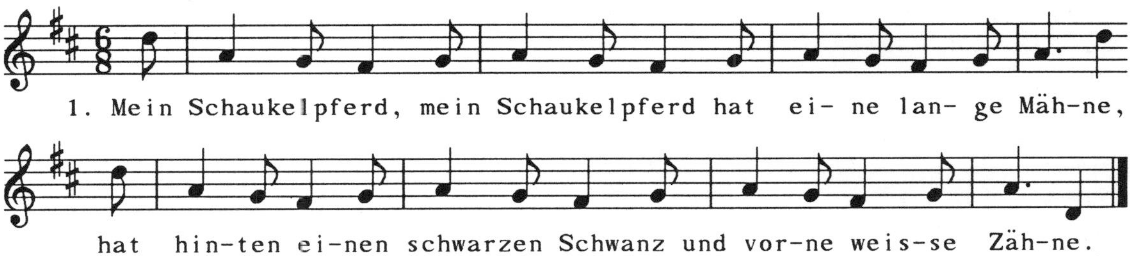

2. Ich schaukle damit hin und her
am Abend und am Morgen,
doch manchmal kommt mein Bruder Hans
und will das Pferdchen borgen.

3. Bekommt er's auf der Stelle nicht,
dann fängt er an zu streiten.
Denn auf dem schönen Schaukelpferd
mag jeder gerne reiten.

4. Bin ich erst groß, dann kaufe ich
dem Hans für viele Scheine
ein neues schönes Schaukelpferd
und reite meins alleine.

Mit Schaukelbewegungen im Reitsitz

Aus: Wilhelm Keller, *Ludi musici,* Bd. 1, Fidula Verlag, Boppard/Rhein u. Salzburg

Weihnachtsgeschenke

1. Bringt das Christkind mir ein Püppchen,
ei, dann weiß ich, was ich tu,
Ich nehm' es in die Arme,
und wieg' es zur Ruh!

2. Bringt das Christkind eine Trommel,
ei, dann weiß ich, was ich tu,
Ich trommle ein Stückchen,
und die Kinder hören zu!

3. Bringt das Christkind mir ein Auto,
ei, dann weiß ich, was ich tu,
Ich drehe die Rädchen
und dann fährt es im Nu!

(*Nach der Melodie:* Kommt ein Vogel geflogen)

Alle meine Püppchen

Alle meine Püppchen,
Anni und Marie, Anni und Marie,
liegen in den Bettchen
und schlafen bis morgen früh.

(*Nach der Melodie:* Alle meine Entchen)

MALEN UND BASTELN

Dominospiel aus Kronenkorken

20 oder mehr Kronenkorken sammeln. Die Kronenkorken evtl. bemalen. Mit Emailfarbe oder farbigem Lack die Mitte durch eine Linie markieren und mit Lackfarbe oder Klebepünktchen die Punkte anbringen. Gespielt wird wie beim fertigen Dominospiel.

Weitere Anregungen:

Die Kinder basteln
– eine Puppe, einen Hampelmann, Fingerpuppen;
– ein Puzzle aus einer Ansichtskarte;
– ein Kegelspiel aus Joghurtbechern.

Die Kinder
– machen eine Collage „Spielsachen, die ich gerne habe“;
– malen ihr Lieblingsspielzeug.

Spielzeugladen

Da fahren Züge auf blankem Geleise
durch Tunnel und Dörfer im Kreise, im Kreise,
und da stehen Autos zum Schieben und Lenken
und Bagger und Krane zum Kurbeln und Schwenken
und Flugzeuge, Schiffe mit Steuer und Segel
und Baukästen, Spiele und Bücher und Kegel
und Roller und Schlitten, ein Zoo mit Giraffen
und Löwen und Bären und lustigen Affen –
ach –
hinter der Scheibe, hinter dem Glas!

Da ist ein Puppenhaus, da ist ein Laden,
und da gibt es Puppen zum Wickeln und Baden
und Jäckchen und Mützchen mit Bändern und Spitzen
und Bettchen und Wagen mit Rüschen und Litzen
und Puppen, die sprechen, und Puppen mit Zöpfen
und Küchen mit Herden und Pfannen und Töpfen
und Springseile, Schaukeln und Netze mit Bällen
und Teddys und Tiere mit wolligen Fellen –
ach –
hinter der Scheibe, hinter dem Glas!

Ursula Wölfel

Baukastenlied

Kommt herbei und sehet an,
was ich alles bauen kann.
Ohne Winkelmaß und Kelle,
bau ich Häuser, Scheunen, Ställe,
Türm und Schlösser, groß und klein,
brauche weder Kalk noch Stein.

Kommt herbei und sehet an,
was ich alles bauen kann.
Und an jeglichem Gebäude,
hab ich meine große Freude.
Doch wenn meine Freud' ist aus,
reiß ich nieder jedes Haus.

Kommt herbei und sehet an,
was ich alles bauen kann.
Und so reiß ich immer wieder,
und so bau ich immer wieder,
bin zum Bauen stets bereit,
denn es kostet nichts als Zeit.

Heinrich Hoffmann v. Fallersleben

Mein Ball

Mein Ball
zeigt, was er kann,
hüpft
hoch wie ein Mann,
dann
hoch wie eine Kuh,
dann
hoch wie ein Kalb,

dann
hoch wie eine Maus,
dann
hoch wie eine Laus,
dann
ruht er sich aus.

Josef Guggenmos

Die Nadel sprach zum Luftballon

Du bist rund, ich bin spitz.
Jetzt machen wir beide einen Witz.
Ich weiß ein lustiges Schnettereteng:
Ich mache pick, und du machst peng.

Josef Guggenmos

Beide Gedichte aus: Josef Guggenmos, *Ich will dir was verraten,* Beltz & Gelberg, Weinheim 1992

*

Roller, Roller rattatat,
wenn Robert einen Roller hat,
dann rollt er durch die ganze Stadt.
Roller, Roller rattatat

E. Dunkel

*

Zwei Augen hab ich, doch seh ich nichts,
auch einen Mund, doch spreche ich nicht,
hab Ohren, Arme und Beine,
doch kann ich nicht gehen und stehen alleine.
Liege in meinem Bettchen still,
bis man mit mir spielen will.
(Die Puppe)

B2. Wir malen und basteln

Mit Farbe, Kleber und Schere – ein Künstler steckt in uns allen.

WORTSCHATZ

das Blatt, der Bleistift, das Buntpapier, der Buntstift, die Dose, der Draht, das Dreieck, die Ecke, das Faltpapier, der Faden, die Farbe, der Farbstift, das Fell, der Filz, der Filzstift, die Fingerfarben, das Goldpapier, der Hammer, das Holz, die Holzkugel, die Käseschachtel, die Kante, der Karton, der Klebstoff, der Kleister, der Korken, die Kreide, der Kreis, das Kreppapier, der Lack, der Lappen, das Leder, das Lineal, die Linie, das Loch, der Malbecher, die Maldecke, der Malkittel, der Mallappen, die Mitte, das Muster, die Nadel, der Nagel, das Papier, die Pappe, die Papprolle, die Perlen, der Pfeifenputzer, der Pinsel, das Plastilin, das Plastik, das Quadrat, der Radiergummi, die Rolle, die Schachtel, die Schere, die Schnur, der Schwamm, das Seidenpapier, die Seite, die Spitze, der Spitzer, der Stein, der Stempel, der Stoff, der Streifen, der Strich, der Strohhalm, die Tapete, der Ton, die Unterlage, das Wachs, die Wachsmalkreiden, die Wasserfarben, die Watte, der Webrahmen, die Wolle, die Zange, das Zeitungspapier.

abstreifen, anmalen, aufhängen, aufkleben, ausprobieren, ausmalen, ausschneiden, auswaschen, basteln, bekleben, bemalen, biegen, drükken, durchstechen, einschneiden, eintauchen, falten, flechten, halten, kleben, kneten, knüllen, lakkieren, malen, mischen, nähen, pressen, radieren, reißen, sägen, schneiden, spitzen, stecken, stempeln, sticken, trocknen lassen, tropfen, übermalen, umdrehen, etwas unterlegen, verzieren, weben, zeichnen, zusammenkleben, zusammenlegen.

blau, braun, breit, bunt, dick, dünn, dunkel, durchsichtig, eckig, einfarbig, fest, flüssig, gelb, genau, gerade, glänzend, glatt, grün, gut, hart, heiß, hell, klebrig, krumm, lang, leicht, nass, oben, rauh, rot, rund, sauber, schief, schmal, schmutzig, schwarz, schwer, spitz, spitzig, stumpf, trocken, unten, weich, weiß.

Anmerkung:
Der obige Wortschatz ist im Zusammenhang mit den jeweiligen Tätigkeiten zu vermitteln und zu festigen.

BILDERBÜCHER UND SACHBÜCHER

Chagall, M.: *Bonjour Paris*, Herder Verlag, Freiburg ^{4}1988
van Gogh, V.: *Ich liebe eine Natur, die fast brennt*, Herder Verlag, Freiburg 1985
Simpson, J./Robb, T./Anning F., *Ravensburger Malschule*, Ravensburger Buchverlag Otto Maier ^{5}1990
Klee, P.: *Rosenwind*, Herder Verlag, Freiburg 1984

Kneißler, I.: *Origami Kinderbuch*, Ravensburger Buchverlag Otto Maier [6]1990
Lionni, L.: *Das kleine Blau und das kleine Gelb*, Oetinger Verlag, Hamburg
Lohf, S.:
- *Das hab' ich selbst gemacht*,
- *Ich mach was* (Serie: Mit Holz, Mit Knete, Mit Papier, Mit Stoff, Mit Blättern, Mit Knöpfen, Mit Kork, Mit Perlen, Mit Schachteln, Mit Steinen),

Ravensburger Buchverlag Otto Maier
Marc, F.: *Mit den Augen der Tiere*, Herder Verlag, Freiburg 1986
Miro, J.: *Geträumte Geschichten*, Herder Verlag, Freiburg [8]1988
Pertler, C.: *Kinder erleben große Maler*, Don Bosco Verlag, München 1992
Raboff, E.: *Diego Rodriguez de Silva y Velazquez*, (Kunst für Kinder), Weber, Genf, 1972
(In diese Reihe werden auch noch andere berühmte Maler vorgestellt: Toulouse-Lautrec/da Vinci/Renoir/Rembrandt/Rousseau)
Seitz, R.: *Kinderatelier*, Ravensburger Buchverlag Otto Maier [4]1991
Seitz, R.:
- *Zeichnen und Malen mit Kindern*
- *Kunst in der Kniebeuge. Ästhetische Elementarerziehung*
- *Seh-Spiele*
- *Tast-Spiele*

Don Bosco Verlag, München
Stöcklin-Meier, S.: *Falten und Spielen*, Ravensburger Buchverlag Otto Maier [13]1990
Wolffhardt B.: *Kinder entdecken das Museum*, Kösel Verlag, München 1983

B3. Wir treiben Sport

Auch Olympiasieger haben einmal so angefangen.

WORTSCHATZ

der Badeanzug, die Badehose, die Bademütze, der Ball, das Ballett, das Bobfahren, das Boxen, die Eishalle, das Eishockey, das Fahrradrennen, Federball, der Fußball, der Fußballplatz, die Fußballschuhe, das Fußballspiel, der Gewinner, Gymnastik, das (Gymnastik-)band, der Handball, die gelbe Karte, die rote Karte, die Keule, der Kreis, der Langlauf, die Linie, die Mannschaft, die Matte, die Pause, die Pfeife, das Pferderennen, der Rasen, die Reifen, die Reihe, das Rennauto, die Rollschuhe, das (Rhythmik-)säckchen, der Ringer, der Schiedsrichter, der Schlitten, die Schlittschuhe, die (Schwebe-)bank, das Schwimmen, die Schwimmhalle, der Schwimmlehrer, das Segeln, das Seil, der Sieger, der Ski, der Skifahrer, der Skikurs, der Skilauf, der Skilehrer, der Skilift, das Skispringen, die Skischuhe, der Skistock, der Sport, die Sprossenwand, das Sprungbrett, die Sprungschanze, der Stab, das Stadion, die Stäbchen, die Stelzen, die Strafbank, das Taek-Won-Do, der Taucher, die Taucherbrille, der Tennisball, der Tennisschläger, die Tennisschuhe, das Tischtennis, das Tor, der Torwart, das Training, das Tuch, das Turnen, die Turnhalle, der Turnsaal, die Turnschuhe, das Turnzeug, der Verlierer, der Wettlauf, das Wettrennen, der Zuschauer.

(be)siegen, fahren, gewinnen, laufen, pfeifen, schießen, schlagen, schlittenfahren, schwimmen, spielen, springen, verlieren, werfen.

Anmerkung:
Der obige Wortschatz ist im Zusammenhang mit der jeweiligen Tätigkeit zu vermitteln und zu festigen.

BILDERBÜCHER UND SACHBÜCHER

Der Übergang vom Kindergarten zur Grundschule, hrsg. vom Bayerischen Staatsministerium für Unterricht und Kultus, Auer Verlag, Donauwörth (Insbesondere darin: Sport in der Elementarerziehung)

Diem, L.: *Sport für Kinder*, Elemente einer Didaktik für das Alter von null bis zehn, Kösel Verlag, München ^{2}1977

Pippo lernt radfahren

Jedesmal, wenn der kleine Clown Pippo den Kindern beim Radfahren zusah, wurde ihm schwer ums Herz. Denn Pippo konnte zwar Purzelbäume schlagen, auf dem großen Elefanten reiten, wie ein wütendes Huhn gackern und traurige Leute zum Lachen bringen, aber radfahren konnte er nicht. Und gerade das wollte er so gern.

Eines Tages, als er wieder einmal auf dem freien Platz vor dem Wohnwagen stand, wo die Zirkuskinder mit ihren Rädern hin und her kurvten, fand er es zu dumm, immer nur zuzuschauen.

„Ich will radfahren lernen", dachte er. „Es wird endlich Zeit. Was die Kinder können, kann ich auch. Ganz bestimmt! Ganz bestimmt! Ganz bestimmt!"

Pippo glaubte so fest daran, daß er sich noch am gleichen Tag ein Fahrrad kaufte. Ein ganz neues, blitzendes Fahrrad mit Dreigangschaltung, Kilometerzähler und einem Fähnchen an der Lenkstange.

„Schön!" rief Pippo immer wieder und strahlte vor Stolz. Er schob das Rad von Wohnwagen zu Wohnwagen, um es vorzuführen. Alle bewunderten es, sogar der Direktor. Nur der Jongleur Jimmy verzog sein Gesicht zu einem hämischen Grinsen.

„Fällt er in den Graben, fressen ihn die Raben", murmelte er, und Pippo verlor seinen halben Mut. Aber weil er die andere Hälfte noch hatte, wartete er bis zum nächsten Morgen. In aller Frühe, als die anderen Zirkusleute noch in ihren Betten lagen und kein Mensch sich sehen ließ, holte er sein Rad hervor. Er sah es an, tätschelte freundlich den Sattel, schwang sich hinauf – und lag im nächsten Moment zusammen mit dem Rad auf der Erde.

Jemand patschte in die Hände und quietschte Beifall. Das war der Affe Fips.

„Hihihi", machte er und hopste in die Luft. „Hihihi!"

„Lach nicht so dumm", brummte Pippo, „mach's besser!"

Ärgerlich klopfte er sich den Schmutz von der Hose. Dabei blieb sein Finger in einem Dreieck stecken.

„Nicht zu ändern", dachte er. „Wo gehobelt wird, da fallen Späne, würde Fräulein Lulu sagen."

Er schluckte seinen Ärger hinunter und stieg wieder auf das Rad, vorsichtig, viel vorsichtiger als beim ersten Mal. Aber es war immer noch nicht vorsichtig genug. Bevor Pippo ins Pedal treten konnte, lag er schon wieder auf der Erde. Mit einem Riß im Jackenärmel.

Der Affe Fips quietschte, und Pippo schimpfte.

„Blödes Rad! Sei nicht so hinterlistig. Ich will's doch lernen!"

Er redete dem Rad zu wie einem störrischen Pony. Doch es war wie verhext. Beim dritten Mal kam Pippo gar nicht erst in den Sattel, so schnell kippte das Rad um. Und als er beim nächsten Versuch in einer Pfütze landete, hatte er genug. Ein Dreieck in der Hose, ein Riß in der Jacke, ein aufgeschlagenes Knie und eine große Schramme am Kinn – nein, das reichte ihm. Nicht einmal der Affe Fips quietschte mehr, sondern trollte sich kopfschüttelnd davon.

Pippo wollte gerade das Rad in die Ecke schmeißen, da steckte der Jongleur Jimmy den Kopf aus seinem Wohnwagen. Er gähnte verschlafen, aber zur Schadenfreude war er munter genug.
„Na, wie steht's mit der Kunst?" grinste er. „Schon im Graben gelegen?"
Pippo antwortete nicht.
„Wenn du die Nase voll hast, kaufe ich dir dein Rad zum halben Preis ab", sagte Jimmy. „Ich kann nämlich radfahren."
Und weil Pippo nichts mehr hören und sehen wollte, knallte er Jimmy das Rad vor die Füße und brummte: „Von mir aus" und verschwand. Den ganzen Vormittag ließ er sich nicht mehr blicken. Weder Frühstück noch Mittagessen schmeckten ihm. Erst am Nachmittag, als er in der Manege seine Pippo-Späße machte, konnte er wieder lachen.
Fräulein Lulu lud ihn zum Abendessen ein.
„Sieh mich an", sagte sie, „ich hab's auch nicht gelernt. Geteilter Schmerz ist halber Schmerz."
Pippo nickte, und am nächsten Tag saß er wieder vor seinem Wohnwagen, um den Kindern beim Radfahren zuzusehen.
„Wie schön, so dahinzurollen", dachte er. „Schade, daß ich es nicht kann. Wahrscheinlich bin ich zu klein."
Traurig sah er in die Luft. Da flitzte ein Junge an ihm vorbei. Er war noch viel kleiner als Pippo und fiel trotzdem nicht hin. Denn sein Fahrrad hatte drei Räder.
„Ein Dreirad!" rief der kleine Clown Pippo und sprang auf. „Ein Dreirad! Das ist das Richtige für mich. Warum bin ich nicht schon längst darauf gekommen?!"
Sofort rannte er los, rannte ins nächste Kaufhaus und kam mit einem Dreirad zurück. Es hatte weder Dreigangschaltung noch einen Kilometerzähler, aber dafür kippte er nie um. Der kleine Clown Pippo konnte mit ihm um die Ecken flitzen, als sei er sein Leben lang Dreirad gefahren. Er wurde der beste Dreiradfahrer weit und breit, das fand sogar der Direktor.
Nur der Jongleur Jimmy grinste hämisch.
„Ein kleiner Clown auf einem kleinen Rad – zum Totlachen."
„Sitz nur nicht auf so hohem Roß", sagte Fräulein Lulu ärgerlich. „Hochmut kommt vor dem Fall. Und wer andern eine Grube gräbt, fällt selbst hinein."
Aber Fräulein Lulu hätte sich ihre Sprichwörter sparen können. Pippo kümmerte sich sowieso nicht um Jimmys Gerede.
„Lach du nur", sagte er. „Du hast ganz recht, ich bin ein kleiner Clown, und jeder muß haben, was zu ihm paßt."

Aus: Irina Korschunow, *Der kleine Clown Pippo*, Herold Verlag, Fellbach

Niki lernt Ski fahren

Beim Großvater feierte Niki zum zweiten Mal Weihnachten. Das kleine weißgetünchte Haus lag an einem Hang zwischen den Bergen. Es hatte keine Zentralheizung, kein blitzendes Badezimmer. Nicht einmal warmes Wasser kam aus der Leitung. Aber in der Wohnstube stand ein großer, runder, blauer Kachelofen mit einer Bank drumherum, das gefiel Niki.
Dort im Wohnzimmer war der Weihnachtsbaum geschmückt. Er hing voll goldener und silberner Kugeln, und unter ihm lag das Geschenk: Ein Paar feuerrote Ski!
„Ski!" brüllte Niki und tanzte durch das Zimmer. „Ski! Ski! Ski"
Am liebsten hätte er sie gleich an seinen Schuhen befestigt und wäre über den Teppich gerutscht, so sehr freute er sich. Dicht beim Großvaterhaus begannen die Skihänge. Niki hatte oft zugesehen, wie die Skifahrer mit dem Lift hinaufgefahren

und wieder hinuntergeflitzt waren. Das möchte ich auch, hatte er jedesmal gedacht, das möchte ich auch. Und jetzt lagen Ski unter dem Weihnachtsbaum!

Voll Ungeduld wartete Niki auf den nächsten Tag, und gleich nach dem Frühstück zog er los. Der Großvater ging mit ihm zu einem kleinen Hügel, auf dem lauter Anfänger herumrutschten. Er half ihm, die Ski an den Stiefeln festzumachen, gab ihm die Stöcke in die Hand und sagte: „Nun fang an."

Niki versuchte einen Schritt – und bums, lag er im Schnee.

„Das gehört dazu", sagte der Großvater und zeigte ihm, wie man mit den Brettern an den Füßen aufstehen muß. Aber kaum hatte Niki sich hochgerappelt, lag er schon wieder auf dem Rükken, die Beine in der Luft wie ein Maikäfer. Und so ging es weiter.

Nach einer Weile hatte Niki genug davon. „Das macht keinen Spaß", jammerte er. „Ich habe keine Lust mehr."

Der Großvater nickte.

„In Ordnung. Komm wir gehen nach Hause. Vielleicht kauft Christians Vater uns die Ski zum halben Preis ab, dann kannst du das Geld haben."

Christian war der Nachbarssohn, und daß er die Ski bekommen sollte, paßte Niki erst recht nicht. Lieber versuchte er es noch einmal. Er schimpfte und knurrte, fiel hin, stand auf, fiel wieder hin, schimpfte noch lauter. Endlich, als die Mittagsglocke läutete, hatte er es geschafft: Er konnte auf den Brettern stehen und sich vorwärts bewegen.

„Jetzt essen wir erst mal etwas", sagte der Großvater. „Und dann mußt du lernen, den Hügel hinunterzurutschen. Das heißt, wenn du Lust hast."

Niki stöhnte. Er konnte sich schon denken, was ihn erwartete. Und wirklich, am Nachmittag ging es von vorn los: Ein Stück rutschen – schon lag er im Schnee. Aufstehen, rutschen – bums, da lag er wieder.

„Das ist scheußlich", rief er. „Ich will nach Hause."

Der Großvater zeigte auf einen benachbarten Hang, von dem die Skifahrer in ihren roten, gelben und blauen Anoraks zum Tal glitten.

„Sieh dir die an", sagte er. „Ist doch schön, oder?"

„Die können es ja auch", knurrte Niki. „Und ich kann's nicht."

„Die haben es ebensowenig gekonnt wie du", sagte der Großvater. „Die haben alle mal angefangen und sind hundertmal hingefallen. Und wenn sie jammernd nach Hause gegangen wären, könnten sie jetzt nicht so flitzen."

„Hm", machte Niki und blickte auf die langen roten Bretter an seinen Füßen. Dann stellte er sich zurecht, preßte die Lippen zusammen und rutschte los. Er fiel hin, stand auf, versuchte es wieder, fiel hin, stand auf, rutschte – und plötzlich geschah das Wunder: Er fiel nicht mehr! Ohne zu wackeln glitt er den Hügel hinab, ohne hinzufallen kam er unten an.

„Bravo!" rief der Großvater. „Gut! Gleich noch mal!"

Niki kraxelte den Hügel hinauf und fuhr wieder los. Auch diesmal landete er nicht im Schnee. Er hatte es geschafft.

Jetzt schimpfte er nicht mehr, jetzt freute er sich nur noch.

„Das macht Spaß!" rief er. „Das ist toll. Das ist noch viel schöner als rodeln!"

Inzwischen war die Dämmerung eingefallen. Es begann zu schneien, kleine, feste Flocken. Der Tag war vorbei. Im Schneegestöber stapften der Großvater und Niki heim. Vor dem Zaun am Großvaterhaus häuften sich dicke weiße Wälle, und das Dach, das im Sommer rot leuchtete, war ebenfalls weiß. Aber der Schornstein rauchte und erzählte von einem warmen Kachelofen in der Wohnstube.

Bevor Niki ins Haus ging, drehte er sich noch einmal nach den Bergen um, die schon fast von der Dämmerung verschluckt wurden.
„Morgen übe ich wieder", sagte er. „Und übermorgen gehe ich ein Stück höher hinauf. Und nächste Woche fahre ich von dem allerhöchsten Berg hinunter."
„Vielleicht", sagte der Großvater. „Aber jetzt essen wir erst einmal eine heiße Suppe. Das haben wir verdient."

Aus: Irina Korschunow, *Niki aus dem 10. Stock*, Herold Verlag, Fellbach

Märchen

Gebrüder Grimm:
Der Wettlauf zwischen Hase und Igel

REIME, GEDICHTE, RÄTSEL

Als müßt' ich vieles büßen,
so trittst du mich mit Füßen.
Und hast mich doch so gern.
Weißt du, wer ich bin?
(Der Fußball)

*

Nun nimm mich wieder aus der Truhe
und fahre schnell mit frohem Sinn,
auf glatter Eisbahn vor dich hin.
(Der Schlittschuh)

Ich hüpf hervor aus flinker Hand,
von einer Wand zur andern,
und spring bis an die Decke.
Doch hüpf und spring ich doch so doll,
gleich lieg ich wieder, wenn ich soll.
(Der Ball)

B4. Wo gehen wir heute hin?

Spazieren, spazieren, spazieren woll'n wir gehn.

WORTSCHATZ

die Achterbahn, der Aufseher, der Autoskooter, das Bierzelt, die (Würstel-, Schieß-)bude, die Bühne, der Clown, der Eintritt, die (Eintritts-) karte, der Feiertag, das Feuerwerk, der Film, die Geisterbahn, der Glückshafen, die Gretel, die Handpuppe, der türkische Honig, der Jongleur, die Kapelle, das Karussell, das Kasperltheater, das Kettenkarussell, das Kino, das Lebkuchenherz, das Los, der Luftballon, die gebrannten Mandeln, die Manege, das Marionettentheater, der Messerwerfer, das Museum, die Musik, die Peitsche, das Popcorn, das Riesenrad, der Scheinwerfer, die Schiffschaukel, das Schokoladenherz, der Seiltänzer, der freie Tag, der Teufel, die Tombola, das Volksfest, der Vorhang, das Wochenende, die Wurfbude, der Zauberer, der Zauberstab, der Zirkus, der Zirkusdirektor, das Zirkuszelt, der Zylinder.

fröhlich, langweilig, laut, lustig, schön, verkleidet als.

aufgehen (Vorhang), sich drängen, dressieren, hauen, klatschen, knallen, schlagen, schminken, treffen, Unsinn machen , sich verkleiden, verzaubern, werfen, zaubern, zielen, zugehen (Vorhang), zuschauen.

BILDERBÜCHER UND SACHBÜCHER

Gottanka, H. / Abb. von Fuchshuber, A.: *Ferdi reist mit seinem Kasperl durch die Münchner Stadt*, Brigg Verlag, Augsburg ^{4}1987

Janosch: *Bärenzirkus Zampano*, Orell-Füssi/ Parabel Verlag, München 1984

Preußler O. / Lentz H.: *Die dumme Augustine*, K. Thienemanns Verlag, Stuttgart 1972

Seidel, G. / Meyer, W.: *Spielmacher.* Spielen und Darstellen in der Grundschule, Curio Verlag Erziehung und Wissenschaft, Hamburg 1982

FINGERSPIELE

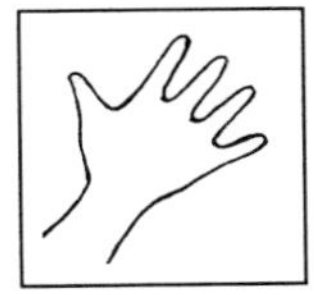

Ich hab ein kleines Kasperlhaus,
der Kasperl schaut zum Fenster raus.
Der ruft: „Ihr lieben Kinderlein,
kommt alle schnell zu mir herein!"
Da kommen auch schon eins, zwei drei,
die Kinder alle schnell herbei.
Der Kasperl macht viel lust'ge Sachen,
die Kinder müssen herzlich lachen.
Da kommt das große Krokodil,
das unsern Kasperl fressen will.
Der Kasperl wird vor Schreck ganz blaß
und schlüpft gleich in ein leeres Faß.
Das Krokodil schaut hin und her
und findet keinen Kasperl mehr.
Es dreht sich um und geht nach Haus,
der Kasperl lacht es tüchtig aus.
Ha, ha, ha!

Aus: Reiner Inge/Biemüller L.: *Materialien zur Förderung ausländischer Kinder*, hrsg. v. Schulreferat der Landeshauptstadt München

GESCHICHTEN UND MÄRCHEN

An der Glücksbude

Die Tante Marlene und das Zwieselchen hatten die Musik gehört und Türkischen Honig gekauft und waren Karussell gefahren und in der Schießbude gewesen. Aber es stand noch eine Bude auf dem Platz, und zu der gingen sie jetzt.

In dieser Bude gab es Bilder und kleine Puppen und Tassen und Küchensachen und noch etwas anderes. Aber was das war, verrate ich noch nicht. Kaufen konnte man hier jedoch nichts, dafür konnte man aber etwas viel Hübscheres, nämlich man konnte gewinnen.

Der Mann, dem die Bude gehörte, machte ein sehr lustiges Gesicht. Er hielt einen Lederbecher in die Höhe und rief: „Immer heran, meine Herrschaften, jeder Wurf gewinnt!"

„Was klappert denn so in dem Lederbecher?" fragte das Zwieselchen.

„Das sind Würfel", sagte die Tante Marlene.

„Da wollen wir mal würfeln", rief das Zwieselchen.

Zu Weihnachten hatte das Zwieselchen nämlich ein Spiel geschenkt bekommen, bei dem auch gewürfelt wurde, und daher konnte es das schon sehr schön.

Die Tante Marlene gab dem Mann ein Fünfzigpfennigstück, und dafür sollte das Zwieselchen dreimal würfeln dürfen.

Zwieselchen schüttelte die drei Würfel sehr lange in dem Lederbecher herum und warf dann vier.

„Was habe ich gewonnen?" fragte es den Mann.

„Gar nichts", sagte der. „Erst wenn man zwölf geworfen hat, gibt es einen kleinen Gewinn, und bei achtzehn einen großen."
„Aber du hast doch gesagt, jeder Wurf gewinnt?" – „Na ja, wenn man es geschickt macht", antwortete der Mann und grinste.
Beim nächsten Mal warf das Zwieselchen neun.
„Siehst du, Tante Marlene, jetzt ist es schon mehr", sagte es.
Und dann würfelte es zum drittenmal, und jetzt hatte es mit jedem Würfel eine Sechs geworfen. Da macht zusammen achtzehn und ist das Höchste, was man mit drei Würfeln werfen kann.
„Hurra!" schrie das Zwieselchen, und alle Menschen, die dabeigestanden und zugesehen hatten, riefen: „Bravo!"
Der Mann in der Bude sah jetzt gar nicht mehr so lustig aus wie vorher. Er knurrte ein bißchen und sagte dann: „Na, siehst du, diesmal hast du es geschickt gemacht. Und jetzt darfst du dir unter den beiden Hauptgewinnen aussuchen, welchen du haben willst. Hier ist eine Garnitur Kochtöpfe. Magst du die?"
„Nein", sagte das Zwieselchen.
„Aber dann magst du wohl den andern Hauptgewinn?"
„Ja", sagte das Zwieselchen, „den mag ich."
Da bekam es den andern Hauptgewinn: Das war ein riesiger kirschroter Teddybär mit einer Schleife um den Hals. Er war noch um einen halben Kopf größer als das Zwieselchen, und es konnte ihn kaum schleppen. Aber weil Zwieselchen so stolz war und sich so sehr freute, darum trug es den großen schweren Teddy ganz allein bis nach Hause und ließ sich nicht einmal von der Tante Marlene dabei helfen.

Aus: Werner Bergengruen, *Zwieselchens große Reise*,

Der kleine Stationsvorsteher und der Zirkuszug

Einmal, an einem gewöhnlichen Freitag – der kleine Stationsvorsteher hatte soeben seine Spiegeleier gegessen –, fährt ein ganz besonderer Zug in die Bahnstation ein. Es ist ein Zug voller Tiere. In einem Wagen sitzen Affen. Sie tragen rote und blaue Jäckchen und schauen ernsthaft zum Fenster hinaus. In einem anderen Abteil hockt eine Eisbärenmama mit ihrem Eisbärenbaby. Da sind Ponys, Seehunde, Löwen, Tiger und Elefanten. Und ganz hinten, am Ende des Zuges, fährt eine Giraffe mit, die so groß ist, daß der kleine Stationsvorsteher den Kopf in den Nacken legen muß, um sie ganz zu sehen.
„Guten Tag!" springt da ein regenbogenbunter Clown aus einem der Wagen. „Wir sind ein Zirkus auf der Durchreise."
Und er läuft den Bahnsteig entlang und schaut nach seinen Tieren.
„Alles in Ordnung!" ruft er.
Doch anstatt nun das Abfahrtsignal für den Zug zu geben, macht der kleine Stationsvorsteher ein äußerst bedenkliches Gesicht.
„Mit der Giraffe kommt ihr nicht unter der Brücke hindurch", meint er.
„Wir müssen durch", sagt der Schaffner. „Schließlich können wir nicht hierbleiben."
Da holt der kleine Stationsvorsteher eine Leiter und einen Zollstock, und sie messen die Brücke aus.
„Drei Meter fünfzig", sagt der Lokomotivführer.
„Nun messen wir die Giraffe!" ruft der Clown, und er legt die Leiter an den Giraffenhals und klettert empor. „Fünf Meter vierzig", mißt er.
„Dann ist sie zu groß", stellt der Heizer fest.
„Wer sagt, daß die Giraffe zu groß ist?" meint der Clown, „die Brücke ist zu niedrig."

„Die Giraffe muß aussteigen“, befiehlt der Lokomotivführer. „Sonst können wir nicht weiterfahren.“

O nein“, der Clown schüttelt den Kopf. „Die Giraffe bleibt drin! Sie hat nämlich Fahrgeld bezahlt.“

„Fahrgeld hin, Fahrgeld her!“ ruft der Schaffner, und es dauert keine Minute, da sind sie alle miteinander im Streit. Sogar die Tiere beteiligen sich. Die Ponys wiehern, die Seehunde bellen, die Elefanten trompeten, die Eisbären brummen, die Tiger fauchen, die Löwen brüllen und die Affen trommeln gegen die Fensterscheiben.

Nur die Giraffe schaut freundlich auf alle hinab, und sie tut, als gehe sie das Ganze nichts an.

Endlich, als die Männer von der Aufregung so müde geworden sind, daß sie nicht mehr weiterstreiten können, fällt dem kleinen Stationsvorsteher etwas ein. Er rupft im Garten ein paar Salatblätter aus und wirft sie der Giraffe in den Wagen.

„Paßt auf!“ sagt er – und wahrhaftig, die Giraffe senkt ihren Kopf und beginnt zu fressen.

Und weil sie dadurch zwei Meter kleiner wird, kann der Zug nun ohne Schwierigkeiten unter der Brücke hindurchfahren.

„Ja, ja“, brummt der kleine Stationsvorsteher stolz, und den ganzen, langen Tag fühlt er sich wunderbar.

Gina Ruck-Pauquèt

GESELLSCHAFTSSPIELE

Die Kinder und die Erzieherin

- spielen „Wurstschnappen“;
- werfen in der „Wurfbude“ um die Wette (Büchsenwerfen).

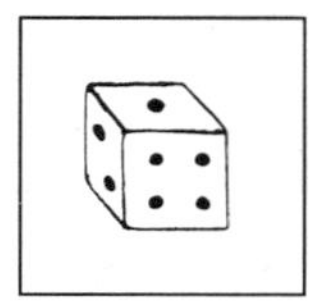

KÄUFLICHE SPIELE

Bunte Ballone
Charlie
Otto Maier Verlag, Ravensburg

Der bunte Pipifax
Pestalozzi Verlag

Zirkus (Einlege-Puzzle)
Kinderzirkus (Holz Puzzle)
Widmaier Verlag

Didacta Puzzle: *„Im Zirkus“*
Otto Maier Verlag, Ravensburg

Zirkus
Wehrfritz

Zirkus
Playmobil

Kasperltheater

Kasperlpuppen

Spazieren woll'n wir gehn.

2. Die Blumen, die Blumen,
   die blühn ja heut so schön.

3. Die Vöglein, die Vöglein,
   die zwitschern heut so schön.

Im Zirkus

Text: James Krüss Melodie: Richard Rudolf Klein

2. Mit Tipp und Tapp
im Zotteltrab
kommt Balduin, der Bär.
Er tanzt so gern und kann es kaum,
denn ach, er ist zu schwer.

3. Auch ein Jongleur
hat's ziemlich schwer.
Er spielt mit fünf, sechs, sieben
verschiednen Bällen stundenlang
und muß das täglich üben.

4. Jetzt hopst und springt
und tanzt und singt
die ganze Clown-Familie,
die Vettern Zips und Grips und Schnips
und Onkel Petersilie.

5. Nun wird es still.
Denn mit Gebrüll
und großer schwarzer Mähne
erscheint ein wildes Löwentier
und zeigt die scharfen Zähne.

6. Zum Schlusse naht
im großen Staat
der alte Zaubermeister.
Er zaubert, was er zaubern will.
und Firifunki heißt er.

Das Lied kann auch ohne Melodie als Gedicht behandelt werden.

Aus: *Willkommen, lieber Tag*, Bd. 2, Verlag Moritz Diesterweg, Frankfurt/Main

Der Zauberer

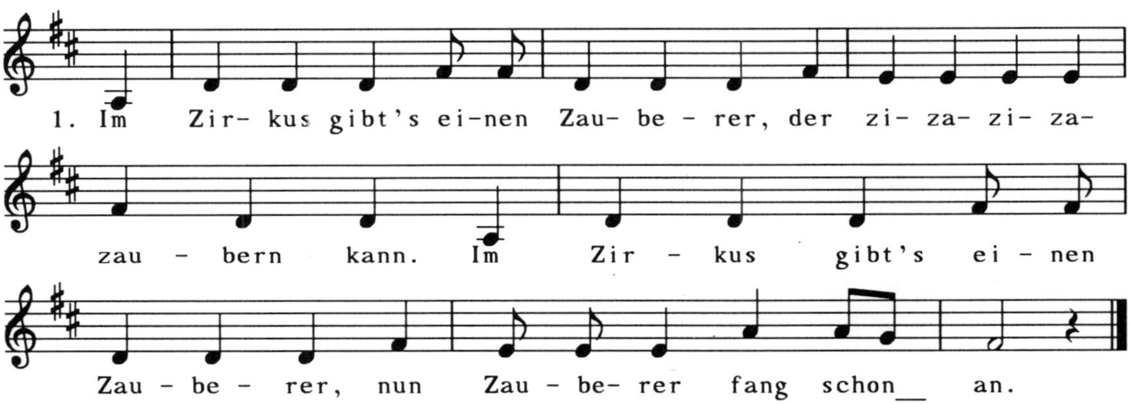

Ein Kind ist der Zauberer und steht auf einem Stuhl mit dem Zauberstab in der Hand. Die anderen Kinder sitzen im Stuhlkreis und singen das Lied. Der Zauberer spricht: „Hokus pokus fidebus, alle Kinder sollen Mäuse (Affen usw.) sein". Die Kinder sind nun in das entsprechende Tier verwandelt bis der Zauberer „Hokus pokus fidebus, der Zauber ist vorbei!" ruft.

Jetzt singen sie die zweite Strophe:

2. Im Zirkus gibt's einen Zauberer
der zi-za-zi-za-zaubern kann.
Er hat genug gezaubert,
nun kommt der nächste dran.

Der Zauberstab wird weitergegeben und das Spiel geht von vorne los.

Karussell

Text: Ingeborg Becker Melodie: Aus England

Aus: Ingeborg Becker, *Die Liederkutsche*, © 1981 Cornelsen Verlag, Berlin

Lied: **Es geht nichts über die Gemütlichkeit**
siehe Bd. 1, Kap. A6. Meine Familie, S. 123

Das Lied kann als Spiel auch mit Großvater und Großmutter (sehr langsam) oder mit Hänsel und Gretel (sehr schnell) gestaltet werden.

Heut ist Jahrmarkt

Text: Adolf Holst Melodie: Hans Poser

2. Buden, Brezeln und Bananen,
Luftballons und bunte Fahnen.
„Hier Indianer! Fritz, komm schnell!"
„Nein! Ich fahre Karussell!"

Schlaginstrumente können beliebig eingesetzt werden

Aus: Liselotte Rockel, *Das Liedernest*, Bd. 1, Fidula Verlag, Boppard/Rhein u. Salzburg

Schallplatte **„Tierzirkus"**, Fidula Fon, Nr. 1212

MALEN UND BASTELN

Die Kinder malen
- „Der Jahrmarkt", („Das Oktoberfest") „Der Zirkus", „Das Zirkuszelt", „Der Zirkuswagen", „Artisten", „Zirkustiere", „Der Kasperl", „Das Kasperltheater", „Das Karussell", „Das Feuerwerk" (Zuckerkreide auf schwarzem Tonpapier), Gesichter auf Luftballons, einen Zauberer.

Die Kinder falten
- eine Schiffschaukel, Krokodile und Teufel, einen Bilderrahmen (Museum), Zaubertüten, ein Kasperltheater mit beweglichem Kasperl.

Die Kinder basteln
- eine Wurfbude, einen Zirkus, ein Karussell, ein Kasperltheater, Kasperlpuppen, Marionetten (aus Holzperlen), Handspielpuppen (aus Eierkartons und Stoffresten), Sockenpuppen, Fingerpuppen (aus Papier und Filz), Zauberstab und Zylinder, Brezen (aus Plastilin), Herzen (aus Plastilin oder Salzteig), ein „Rollkino".

Die Kinder gestalten
- ein Mosaik,
- eine Collage

zum Thema Jahrmarkt oder Zirkus.

REIME, GEDICHTE, RÄTSEL

Wer kann es erraten, was ich meine?
Ganz kugelrund hängt's an der Leine.
Laßt ihr es los, so fliegt es fort,
hoch in die Luft, von Ort zu Ort.

Doch drückt ihr drauf, auf jeden Fall
zerplatzt es dann mit lautem Knall.
(Der Luftballon)

Aus: Marga Arndt/Waltraud Singer, *Fingerspiele und Rätsel,* Volk und Wissen Verlag, Berlin 1989

TANZ- UND BEWEGUNGSSPIELE

Gretel, Gretel

Tanzbeschreibung: Anneliese Gaß-Tutt

AUFSTELLUNG: Paarweise im Kreis, Zweihandfassung.
SCHRITTART: Galoppschritt (seitwärts).
TANZFORM: Takt 1 – 4: Die Kinder stehen in Zweihandfassung und setzen abwechselnd den linken und den rechten Fuß vor.
Takt 5 – 6: Sie zeigen sich mit den beiden Händen dem Text entsprechend die „10“ und dann mit der rechten Hand die „5“,
Takt 7 – 8: und klatschen im Melodie-Rhythmus.
Takt 9 – 12: Wieder in Zweihandfassung hüpfen sie im Galopp in Tanzrichtung. (Bei der Wiederholung kann gegen Tanzrichtung gehüpft werden.)
HINWEIS: Geeignetste Teilnehmerzahl: bis 15 Paare.

Aus: Anneliese Gaß-Tutt, *Tanzkarussell 1*, Fidula-Verlag Boppard/Rhein u. Salzburg

Kinder-Zirkus

Text nach der Überlieferung Melodie: Hans Kemper
Tanzform: Anneliese Gaß-Tutt

SCHRITTART: Gehschritt
TANZFORM 1: (für eine Aufführung in der Mitte des Zuschauerraumes).

Teil A:

Takt 1 – 8: 2 Gruppen von je 4 – 5 Kindern kommen singend von den beiden Seiten herein und stellen sich in der Diagonale auf und zeigen ansagend mit der rechten Hand („Seht einmal!")

Takt 9 – 16: Die Kinder stehen, singen und zeigen wieder an.

Teil B: Alle (oder ein Kind allein) singen die erste (die weiteren) Nummer(n) an, alle singen den Schluß.

Das Hinausgehen geschieht auf dem gleichen Wege zu den ersten Takten der folgenden Nummer.

TANZFORM 2: (für eine Aufführung auf der Bühne.)

Teil A:

Takt 1 – 8: 2 Gruppen von je 4 – 5 Kindern kommen von hinten paarweise durch die Mitte und stellen sich zur Reihe.

Takt 9 – 16: wie oben

Teil B: wie oben.

Das Hinausgehen geschieht zur Seite hinaus auf die ersten Takte der folgenden Nummer.

Schluß: Umzug aller „Zirkusleute" im großen Kreis (einzeln, paarweise, in losen Gruppen).

HINWEISE: Dieses Rahmenlied gibt in den einzelnen dazwischenliegenden Zirkusdarbietungen die Möglichkeit, alle Kinder jeder Altersstufe und je nach ihren Fähigkeiten mitmachen zu lassen. Als einzelne Zirkusnummern läßt sich zuvor schon Geübtes einbauen.

Als Gruppentanz-Beispiele: „Die Riesenschlange" (siehe Bd. 4, S. 70), „Die kleine Schlange" (siehe Bd. 4, S. 58), „Ha ha ha, die Kinder kommen" (siehe Bd. 4, S. 144), ein Klatschtanz, Kochlöffeltanz (siehe Bd. 1, S. 172), Rasseltanz usw.

Triangel, Schellen, Klangstäbchen, Trommeln usw. können je nach Art der Darbietungen miteingesetzt werden.

Das Ausschmücken mit Plakaten und anderen Utensilien (evtl. auch einfachste Kostüme) kann sehr wirkungsvoll sein.

Aus: Anneliese Gaß-Tutt, *Tanzkarussell 1*, Fidula-Verlag, Boppard/Rhein u. Salzburg

Tanzspiel: **Spielplatz-Karussell**

siehe Bd. 2, Kap. A 13. Unsere Stadt, S.66

SONSTIGE AKTIVITÄTEN

Die Kinder und die Erzieherin

- besuchen ein Volksfest, einen Jahrmarkt (das Oktoberfest), einen Zirkus, ein Kasperltheater, ein Museum;
- spielen zusammen „Jahrmarkt" oder „Kasperltheater";
- „zaubern" (Hardy's Kinderzauberspiele, Otto Maier Verlag, Ravensburg);
- laden einen „Zauberer" in den Kindergarten ein;
- bauen eine „Nagelbude";
- backen Lebkuchenherzen;
- machen Popcorn;
- spielen Zirkus (Ein Kind ist der „Direktor", die anderen spielen die verschiedenen Tiere.);
- gestalten eine Pantomime zum Thema „Artisten";
- spielen „Orchester" mit Dirigent und Orff-Instrumenten.

Turnen: Wir sind die Kamele

Kamele bewegen sich im Paßgang, das heißt, sie bewegen gleichzeitig Vorder- und Hinterbein derselben Körperseite. Wer kann das? Geht es auch mit einem Kameltreiber auf dem Rücken?

Aus: Rose Götte, *Sprache und Spiel im Kindergarten,* Beltz Verlag, Weinheim u. Basel, 8., unveränd. Aufl. 1993

Marionettentanz

Die Erzieherin läßt eine Marionette die Kinder begrüßen. Anschließend sprechen alle gemeinsam darüber, wie eine Marionette funktioniert. Ihre Bewegungen sind anders als beim Menschen. Einzelne Kinder dürfen versuchen, selbst die Marionette zu bewegen.

Zur Musik (Kassette o.ä.) können nun die Kinder versuchen, wie Marionetten im Raum herumzugehen. Sie bewegen die Körperteile wie wenn sie auch von Fäden gezogen würden.

Als Erweiterung sucht sich jedes Kind einen Partner und sie erfinden zusammen einen Marionettentanz zur Musik.

B5. Feste feiern, wie sie fallen

Niklaus, Niklaus, guter Mann,
schau uns lieb und freundlich an.

1. Der Nikolaus

BILDERBÜCHER UND SACHBÜCHER

von der Crone, L./Schait, H.: *Nikolaus und der dumme Nuck*, Gertraud Middelhauve Verlag, Köln ^{3}1990

Jooss, E.: *Nikolaus – Geschichten aus seinem Leben*, Herder Verlag, Freiburg 1989

Scheffler, U./Fuchshuber A.: *Ein Geschenk für den Nikolaus*, Ravensburger Buchverlag Otto Maier ^{7}1990

Probst, E./Quadflieg, J.: *Aus dem Leben des Hl. Nikolaus*, Patmos Verlag, Düsseldorf ^{7}1987

GESCHICHTEN UND MÄRCHEN

Der Osternikolaus

Einmal hatte der Nikolaus vergessen, auf den Kalender zu sehen.

„Nun wird es Zeit für mich", sagte er, nahm seinen Wanderstab, warf sich den Sack mit den süßen Sachen über die Schulter und marschierte los.

Doch wie staunte er, als er nichts als grüne Wiesen sah, blühende Bäume und gelbe Himmelschlüssel.

„Das ist aber ein warmer Dezembertag", murmelte er verwundert in seinen langen weißen Bart.

Nirgendwo ein Flöckchen Schnee. Auf dem Wasser kein Eis. Und wie lange es hell war!"

„Seht mal, da!" riefen die Kinder.

Sie lachten und zeigten auf den Nikolaus. „Was will denn der bei uns?"

Traurig setzte er sich auf einen Baumstamm und seufzte. Weit war es gekommen auf der Welt! Die Kinder liebten ihren guten alten Nikolaus nicht mehr.

Plötzlich sagte eine Stimme: „He, Nikolaus, was machst du denn hier?"

Ein Hase stand aufgerichtet vor ihm. Er trug eine Kiepe auf dem Rücken. In der Kiepe waren bunte Eier.

Der Nikolaus schaute und schaute.

„Was ich hier mache?" fragte er schließlich. „Das gleiche könnte ich dich fragen, Bürschchen."

„Ich bin der Osterhase", rief der kleine Kerl vergnügt. „Es ist nämlich Frühling und außerdem Ostersonntag."

„Allmächtiger!" stöhnte der Nikolaus und schlug sich an die Stirn. „Ich glaube, ich werde alt."

Da mußte der Osterhase so sehr lachen, daß die Eier im Korb hüpften.
„Mach dir nichts draus", tröstete er den Nikolaus. „Irren kann sich jeder mal! Wie wär's denn, wenn ich am Nikolaustag käme, ich, der Osterhase, und mit dir zusammen zu den Kindern ginge?"
„Puh, das wäre lustig!" rief der Nikolaus.
Auch er mußte tüchtig lachen, als er sich vorstellte, wie der Osterhase mit ihm durch den Schnee stapfen würde, auf dem Rücken die Kiepe mit bunten Ostereiern. Und das kurz vor Weihnachten.
Na, ich weiß ja nicht, ob es das richtige wäre: Nikolaus und Osterhase an einem Tag! Was meint ihr dazu? Ich finde: Alles zu seiner Zeit.

Eine lustige Fahrt

Manchmal kann der Nikolaus Wunder vollbringen. Doch es kommt auch vor, daß er Ärger hat wie du und ich.
Da war zum Beispiel die Sache mit dem Esel. Der Nikolaus liebt es nämlich, auf einem kleinen Esel zu reiten. Doch an diesem sechsten Dezember, an dem er wie jedes Jahr seinen Weg zur Erde antreten wollte, war sein Eselchen besonders bockig. Es wollte lieber im himmlischen Stall bleiben, wo es warm und gemütlich war und wo das Heu ihm so gut schmeckte wie euch Marzipanstangen und Schokolade.
„Du kannst mich doch nicht im Stich lassen", redete der Nikolaus seinem kleinen Esel zu. „Dienst ist Dienst, und Heu ist Heu!"
Doch sosehr er auch flehte und bettelte, das Eselchen tat, als sei es schwerhörig, obgleich es doch so lange Ohren hatte.
Was nun? Die goldene Kutsche war auch nicht einsatzbereit. Die vier Schimmel, die vorgespannt werden mußten, hatten an diesem Abend dienstfrei. Im Himmel geht man mit Tieren sehr freundlich um.
„Dann muß ich mich eben auf meine alten Beine verlassen", seufzte der Nikolaus, schulterte den Sack und marschierte los.
Viele Stunden wanderte er durch Wälder, Felder und Dörfer. Nun mußte er noch in die große Stadt. Er watete durch den tiefen Schnee. Der Sack drückte ihn sehr.
Ein Bauer sah ihn am Haus vorübergehen, ging hinaus und sagte: „So geht das nicht, Nikolaus! Weißt du was? Ich bringe dich in die Stadt. Zwar habe ich kein Pferd und keinen Esel, auch steht mein Auto in der Werkstatt, aber mein Traktor ist in Ordnung."
„Ich soll mit dem Traktor fahren?" staunte der Nikolaus. Er fand die Idee aber nicht schlecht. Immer noch besser, als zu Fuß zu gehen! Also kletterte er hinauf, und los ging die Fahrt.
Mit ohrenbetäubendem Geknatter fuhr Sankt Nikolaus in die Stadt. Der Traktor fauchte und schepperte, ratterte und knatterte, daß die Leute an die Fenster stürzten und ihren Augen nicht trauten.
„Der Nikolaus kommt", riefen sie einander zu. „Er sitzt auf einem Traktor und freut sich wie ein Schneekönig!"
Am nächsten Tag berichteten die Zeitungen darüber. Das Fernsehen brachte eine Sendung über den Fortschritt der Zeit, der ab und zu auch sein Gutes hat, vor allem dann, wenn er einem alten Mann Mühe und Arbeit erspart.
Der nette Bauer stand vor der Fernsehkamera, wurde von den Reportern tüchtig ausgefragt und war sehr stolz.
„Dem Nikolaus hat die Fahrt großen Spaß gemacht", sagte er. „Viel mehr noch als in seiner goldenen Kutsche. Wenn sein Esel auch das nächstemal nicht mitkommen will, fährt der Nikolaus wieder auf meinem Traktor zu den Kindern."

Wenn das so ist, dann macht mal hübsch die Ohren auf! Sollte im Dezember vor eurem Haus etwas ganz laut rattern und knattern, dann könnte es sein, daß der Nikolaus auf dem Weg zu euch ist. Möglich ist alles.

Zwei Päckchen im Sack

Es war spät geworden. Der Nikolaus hatte seine Gaben verteilt. Er war treppauf und treppab gegangen. Nun war er müde.

Große weiße Flocken tanzten durch die Luft, setzten sich in seinen Bart und schmolzen.

Der Nikolaus zog die Kapuze fester um seine Ohren und war froh, daß der Sack endlich leer war. Doch halt! Zwei Päckchen befanden sich noch darin. „Für Arzu" stand auf dem einen. „Für Kerim" stand auf dem anderen.

Die Kinder Kerim und Arzu wohnten im ältesten Teil der Stadt. Sie waren vor einigen Jahren von weit her gekommen: aus der Türkei. Dort aber gibt es keinen Nikolaus.

Eigentlich erwarteten sie ihren Onkel Osman. Der wollte sie zu Weihnachten besuchen. Doch die Bahnfahrt war weit.

Das wußte der Nikolaus, und er dachte: Nun, warum soll ich den Kindern aus der Türkei keine Freude machen?

Er stieg die ausgetretene Treppe hinauf und klingelte an der Tür.

Eine Frau öffnete. Es war die Mutter von Arzu und Kerim.

„Bist du Onkel Osman?" fragte sie, denn sie hatte den Onkel nur als Kind gesehen und wußte deshalb nicht, wie er aussah.

„Ich bin der Nikolaus", erwiderte der Nikolaus. „Ich will zu Arzu und Kerim."

Er holte die Päckchen aus dem Sack und reichte sie der Frau. Doch da kamen die beiden Kinder schon angelaufen.

„Onkel Osman, Onkel Osman!" riefen sie aufgeregt. „Hast du uns etwas mitgebracht?"

„Ich bin nicht Onkel Osman. Ich bin der Nikolaus. Aber ich habe euch etwas mitgebracht!" antwortete der Nikolaus.

Die Kinder machten die Päckchen auf und staunten. Es war genau das drin, was sie sich gewünscht hatten! Ein Märchenbuch in türkischer Sprache für Arzu und ein Bastelkasten für Kerim.

Außerdem noch viele süße Sachen.

„Komm, setz dich!" rief Arzu. „Mutter macht dir ein Honigbrot."

Doch der Nikolaus schüttelte den Kopf. „Das geht leider nicht", sagte er. „Ich muß weiter, denn ich habe noch einen langen Weg vor mir."

„Ooooch", machten die Kinder enttäuscht.

„Im nächsten Jahr komme ich wieder", versprach er und gab den Kindern zum Abschied einen Knallkuß auf die Nasenspitze.

„Tesekür", riefen Arzu und Kerim ihm nach. „Tesekür, Onkel Nikolaus, tesekür!" Das ist türkisch und heißt: Danke schön!

Als Onkel Osman endlich eintraf, erzählten sie ihm alles.

Er runzelte die Stirn. „Nikolaus?" murmelte er. „Wir haben keinen Onkel Nikolaus in der Familie. Das muß ein Irrtum sein!"

Woher sollte er auch wissen, daß der Nikolaus zu jedem kommt?

Dafür wissen wir nicht, was es in der Türkei so alles gibt.

Wie der Nikolaus auf die Straße gesetzt wurde

Der Nikolaus war nicht gekommen!

Die Zwillinge Sascha und Susi mußten ins Bett. Sie konnten nicht glauben, daß der Nikolaus sie vergessen hatte.

„Es hilft nichts“, sagte der Vater zur Mutter, „da werde ich eben selbst den Nikolaus spielen.“
Er ging in den Keller und verkleidete sich. Wenig später klopfte er an die Wohnungstür.
„Der Nikolaus, der Nikolaus!“ jubelten Sascha und Susi.
Das war eine Freude! Der Vater spielte den Nikolaus so gut, daß Sascha und Susi keine Ahnung hatten, wer wirklich vor ihnen stand.
„Könnt ihr auch ein schönes Gedicht?“ fragte der falsche Nikolaus.
„Jaaaa“, rief Sascha und Susi.
„Dann laßt hören!“
Die Zwillinge holten ganz tief Luft und sagten wie aus einem Munde:
„Nikolaus, sei unser Gast,
wenn du was im Sack drin hast,
hast du was, dann laß dich nieder,
hast du nichts, dann pack dich wieder!“
„Hohoho“, lachte der Vater, ganz wie der Nikolaus höchstpersönlich. „Das ist aber kein sehr freundliches Gedicht. Na, macht nichts. Hier habt ihr was.“
Sascha bekam eine Tüte Schokoladenkringel mit buntem Zucker darauf. Susi bekam Zimtsterne und Vanillebrezeln.
„Nun lebt wohl, liebe Kinder“, sagte der falsche Nikolaus. „Ich muß weiter.“
Ganz in Gedanken ging er zur Tür des Schlafzimmers, um dort Mantel und Bart abzulegen.
Doch die Zwillinge hielten ihn fest und riefen: „Halt, Nikolaus! Hier geht's raus.“
Sie zogen ihn ins Treppenhaus, die Stufen hinab, zur Haustür hinaus. Ja, sie begleiteten ihn sogar bis zur Ecke, damit er sich nicht verlaufen konnte.
„Nun finde ich mich aber allein zurecht“, rief der Nikolaus. Dabei hüpfte er von einem Fuß auf den anderen, denn er hatte nur dünne Hausschuhe an und keine schweren Stiefel aus Leder, wie es sich für einen richtigen Nikolaus gehört.
Ihm war schrecklich kalt. Am liebsten wäre er wieder ins Haus zurückgegangen. Er sah das Licht hinter den Fenstern behaglich leuchten.
„Ich werde das Christkind von euch grüßen“, versprach er. Dann tat er so, als ginge er in die tiefe Nacht hinein.
Als sie ihn nicht mehr sehen konnten, liefen die Zwillinge nach Hause und verschlossen die Tür.
Unten auf der Straße aber stand er frierende Nikolaus. Er klapperte so sehr mit den Zähnen, daß der weiße Bart zitterte.
Auch die Mutter konnte ihm nicht helfen. Sie mußte erst die Zwillinge ins Bett bringen.
„Das war prima“, sagte Susi und stopfte sich einen Zimtstern in den Mund. „Der Nikolaus ist ganz toll!“
„Genau“, stimmte Sascha zu und futterte einen Schokoladenkringel. „Nur schade, daß Vati nicht dabei war, als der Nikolaus uns besucht hat.“
„Wirklich schade“, seufzte die Mutter und deckte die Zwillinge zu. „Gute Nacht, ihr zwei!“
Dann ließ sie schnell den Vater-Nikolaus ins Haus, bevor er sich einen Schnupfen holte. Denn das hat sogar ein ganz toller Nikolaus nicht gern.

GESELLSCHAFTSSPIELE

Die Kinder

- suchen nach versteckten Kerzen, Tannenzweigen, Nüssen, Äpfeln usw.
- spielen mit den obengenannten bzw. anderen zum Nikolausfest passenden Gegenständen ein *Kimspiel* (sehen, tasten, fühlen, schmekken).

KÄUFLICHE SPIELE

Adventskalender aus Papier (Fensterkalender)

LIEDER UND SPIELLIEDER

Der Nikolaus

Text: Rolf Krenzer Melodie: Inge Lotz

2. Hast du mir was mitgebracht?
Ei, das hätt' ich nicht gedacht.
Fasse in den Sack hinein.
Sag, was kann das sein, das sein?

*ab *:* Falsch geraten! Bleibe stehn!
Nikolaus muß weitergehn!
oder: Gut geraten! komm heraus!
Jetzt bist du der Nikolaus!

In den Nikolaussack sind verschiedene Dinge hineingepackt worden, die von den Mitspielern ertastet werden müssen.
Wir stehen im Kreis, ein Kind geht als Nikolaus mit dem Sack auf dem Rücken im Kreis herum. Wenn es heißt: „Halt, Nikolaus, bleib stehn!" bleibt es vor einem Mitspieler stehen, der darf in den Sack fassen und muß raten, welchen Gegenstand er in der Hand hat. Wenn er es nicht errät, geht der Nikolaus weiter zu einem anderen Spieler. Wenn aber richtig geraten wird, darf dieser Spieler nun der Nikolaus sein.

Aus: J. Lotz/R. Krenzer, *Mach mit uns Musik*, Ernst Kaufmann Verlag, Lahr/Kösel Verlag, München

Der Nikolaus geht rum

Kreisspiel

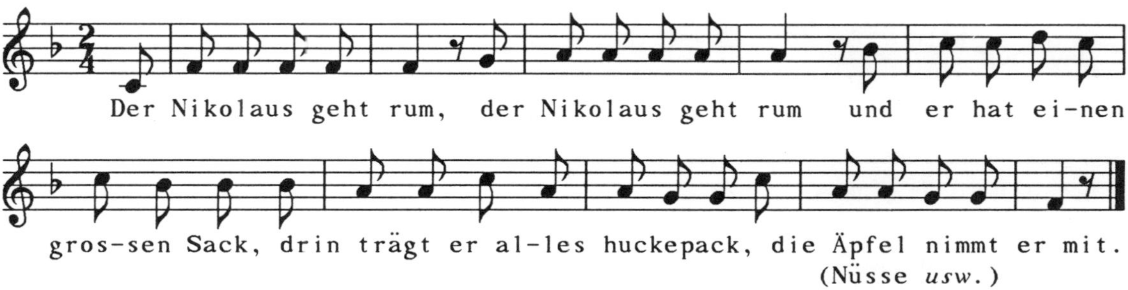

Es geht ein Himmelsbote

2. Er bringt den guten Kindern viel süße Sachen mit, die schlimmen aber hören nicht gerne seinen Tritt.

3. Denn aus dem großen Sacke, ei denkt, zieht er heraus auch manchmal eine Rute, der heil'ge Nikolaus.

Zum Nikolausfest

2. Alle Kinder kennen diesen Mann,
der schon so viel Gutes hat getan.
Refrain

3. Gerne half er Menschen aus der Not,
teilte mit den Armen aus das Brot.
Refrain

Lieber guter Nikolaus, hör' einmal

Wir klatschen, stampfen, klingeln, summen, trommeln usw. dir ein Lied.

Weihnachten und Neujahr

Text und Melodie: R. Bichler

2. Ich bringe dir ...
I: Bald kommt das neue Jahr! :I

Das Lied kann auch als Adventslied gesungen werden:

1. Wir zünden an das erste Licht, ...
2. ... das zweite Licht, ...
3. ... das dritte Licht, ...
4. ... das vierte Licht, ...

Laßt uns froh und munter sein

Text und Melodie: Aus dem Hunsrück

2. Dann stell ich den Teller auf,
   Niklaus legt gewiß was drauf.
   Lustig, lustig ...

3. Wenn ich schlaf, dann träume ich:
   Jetzt bringt Niklaus was für mich.
   Lustig, lustig ...

4. Wenn ich aufgestanden bin,
lauf ich schnell zum Teller hin.
Lustig, lustig ...

5. Niklaus ist ein guter Mann,
dem man nicht g'nug danken kann.
Lustig, lustig ...

Advent

MALEN UND BASTELN

Nikolausstiefel aus Papiermaché

Um einen Gummistiefel wird nasses weißes Transparentpapier gelegt, die Sohle bleibt offen. Darauf kleben wir mit Kleister mehrere glatte Schichten Zeitungspapier, das vorher in Stücke gerissen wurde.
Hat der Stiefel eine feste Konsistenz, lassen wir ihn gut trocknen. Danach wird unten der Gummistiefel herausgezogen und die Ränder werden glattgeschnitten.
Auf rotes Tonpapier malen wir die Sohle auf. Damit diese an den Stiefel geklebt werden kann, muß sie etwas größer und mit Zacken versehen ausgeschnitten werden. Jetzt wird die Sohle mit den Zacken an den Stiefel geklebt. Mit roter Farbe malen wir alles an.
Während die Farbe trocknet, drehen oder flechten wir aus weißer, dicker Wolle eine Kordel, die unten am Stiefel entlang über die Zacken der Sohle aufgeklebt wird. Oben um den Schaft des Stiefels wird weiße Wolle oder Watte geklebt.

Lebkuchen-Familie

Zutaten:
200g Butter oder Margarine, 1 Glas Bienenhonig (550g), 250g Zucker, 1 Päckchen Pfefferkuchengewürz, 15g Kakao, 1200g Mehl, 1 Päckchen Backpulver, 1 Prise Salz, 2 Eier.
Für die Verzierung: ca. 2 Eiweiß (schnittfest geschlagen), 375g Puderzucker, Schokoladen-Fettglasur (fertig zu kaufen), Schokolinsen, Mandeln, Korinthen etc.

Zubereitung:
Fett, Honig, Zucker, Gewürz und Kakao in einen Topf geben, unter ständigem Rühren bei geringer Wärme erhitzen, bis sich der Zucker aufgelöst hat, Abkühlen lassen. Mehl, Backpulver und Salz in einer Schüssel mischen, Eier unterheben, Honigmasse dazugeben, alles zu einem glatten Teig kneten. 1 Stunde zugedeckt im Kühlschrank ruhen lassen. Dann Teig ca. $^{1}/_{2}$ cm dick ausrollen, mit einem Küchenmesser Figuren ausschneiden. (Vorsicht: Auf dünne freistehende Teile verzichten, sie brechen leicht ab!) Die Figuren auf ein gefettetes Backblech legen, im vorgeheizten Ofen ca. 10 Min. herausbacken, noch heiß vom Blech lösen, abkühlen lassen.
Zum Verzieren: Unter das steifgeschlagene Eiweiß Puderzucker rühren, bis die Masse glänzend ist und sich spritzen läßt. Für den Schoko-Spritzguß Schokoladen-Fettglasur im Wasserbad erhitzen. Zum Schluß Figuren mit Mandeln, Korinthen etc. belegen.

REIME, GEDICHTE, RÄTSEL

Was schenken wir dem Nikolaus?

Der Nikolaus kommt heut ins Haus
mit Äpfeln und mit Nüssen.
Er teilt nur immer Gaben aus,
was schenken *wir* dem Nikolaus,
das möcht ich gerne wissen.

Ich zeichne ihm ein Schlittenpferd
zum auf dem Himmel Fliegen,
doch wenn er lieber Schlitten fährt,
dann soll er einen kriegen.

Ich back ihm einen Weihnachtsbaum
mit bunten Zuckerherzen,
mit Engelshaar aus Zuckerschaum
und vielen Mandelkerzen.

Ich näh ihm Schuhe, rot und weich
voll Watte bei den Zehen,
damit wird er, das sag ich euch
ganz wie auf Wolken gehen.

Und was wird deine Gabe sein?
Warum bist du so stumm?
Ich glaub, dir fällt wohl gar nichts ein
du bist ein bißchen dumm.

Ich bin nicht dumm, ich denk nur nach,
denk mich ins Nachbarhaus
dort sitzt Frau Meier, alt und schwach,
dort spiel ich Nikolaus.

Ich zeichne ihr ein Schlittenpferd
zum auf dem Himmel Fliegen,
doch wenn sie lieber Schlitten fährt,
dann soll sie einen kriegen.

Ich back ihr einen Weihnachtsbaum
mit bunten Zuckerherzen,
mit Engelshaar aus Zuckerschaum
und vielen Mandelkerzen.

Ich näh ihr Schuhe, rot und weich
voll Watte bei den Zehen,

damit wird sie, das sag ich euch
ganz wie auf Wolken gehen.

Und was wird eure Gabe sein?
Warum seid ihr so stumm?
Ich glaub, euch fällt wohl gar nichts ein
ihr seid ein bißchen dumm.

Wir sind nicht dumm, wir denken nach,
du hast wohl wirklich recht.
Wir kommen mit ins Nachbarhaus,
wir glauben, daß der Nikolaus
sich drüber freuen möcht.

Aus: Friedl Hofbauer, *Minitheater*, Herder Verlag, Wien

Guter Nikolaus

Nikolaus kommt ins Haus,
Nikolaus, der Gute.
Äpfel, Nüsse teilt er aus,
keine, keine Rute.

2. Weihnachten

Kerzenlicht und Kinderlachen –
Christkind bringt viel schöne Sachen.

BILDERBÜCHER UND SACHBÜCHER

Aoki, H./Gantschev, I.: *Die Weihnachtsgeschichte, erzählt vom Weihnachtsmann*, Deutscher Taschenbuchverlag, München 1987

Becker, E./Fuchshuber, A.: *Kinder sehen dich an* (Adventskalender), Ernst Kaufmann Verlag, Lahr

Dirx, R./Sack, R.: *Weihnachten in aller Welt* (Adventskalender), Ernst Kaufmann Verlag, Lahr

Deinhofer, P. (Hrsg.): *Weihnachtliche Zeit*, Werkbuch für Familie, Kindergarten, Grundschule, Don Bosco Verlag, München

Gruber, E./Spinková, M.: *Was in Betlehem geschah* (Adventskalender), Don Bosco Verlag, München.

Štolbová, R.: *Kommst du mit nach Betlehem* (Adventskalender), Don Bosco Verlag München

(Ähnliche jährliche Veröffentlichungen auch von anderen Verlagen.)

Kasuya, M.:
- *Der kleine Stern*
- *Der allerkleinste Tannenbaum*
- *Martin, der Schuster*

Wittig Verlag, Hamburg

Lindgren, A./Wikland, J.:
- *Weihnachten in Bullerbü*
- *Weihnachten im Stall*

Oetinger Verlag, Hamburg

Maier-F., E.: *Jesus wird geboren*, Verlag Katholisches Bibelwerk, Stuttgart ^{7}1988

Scheidl, G. M./Pfister, M.: *Die vier Lichter des Hirten Simon*, Nord-Süd-Verlag, Hamburg 1989

Schönfeldt, S.: *Das Bilderbuch für die Weihnachtszeit*, Ravensburger Buchverlag Otto Maier ^{3}1990

Zavřel, S.: *In Bethlehem geboren*, Patmos Verlag, Düsseldorf ^{4}1989

FINGERSPIELE

Herbergsspiel

Es schneit,
es schneit,
es schneit.

(5 Finger, oder mehr, jeder Finger als Schneeflocke verkleidet, bewegen sich)

Da gehn zwei arme Leut.

(Zeige- und Mittelfinger aus der Faust hochgestreckt, bewegen sich. Der Daumen ist noch unter dem Ringfinger und dem kleinen Finger versteckt.)

Es schneit, es schneit, es schneit.	*(wie oben)*
Da gehn zwei arme Leut, sie kommen vor ein großes Tor, da schaut ein dicker Wirt hervor.	*(wie oben)*
Guten Tag, guten Tag, was wünschen Sie?	*(der Daumen einer anderen Hand verbeugt sich mehrmals)*
Ein Bett, ein Bett bis morgen früh.	*(die zwei Finger wackeln)*
Habt ihr denn Geld?	*(der Daumen wackelt)*
Ach nein, ach nein!	*(die zwei Finger wackeln)*
Dann dürft ihr mir nicht ins Haus herein!	*(Daumen wackelt und ab)*
Es schneit, es schneit, es schneit.	*(wie zuvor)*
Da gehn zwei arme Leut.	*(wie zuvor)*
Es schneit, es schneit, es schneit.	*(wie zuvor)*
Da gehn zwei arme Leut, sie kommen vor ein großes Tor, da schaut eine dicke Wirtin hervor.	*(wie zuvor)*
Guten Tag, guten Tag, was wünschen Sie?	*(Daumen einer anderen Hand, mit Kopftuch, verbeugt sich)*
Ein Bett, ein Bett bis morgen früh.	*(die zwei Finger wie zuvor)*

Habt ihr denn Geld? *(Daumen wie zuvor)*

Ach nein, ach nein! *(die zwei Finger wie zuvor)*

Dann dürft ihr mir nicht *(Daumen wackelt ab)*
ins Haus herein!

Es schneit, *(Hände mit Schneeflocken wie zuvor)*
es schneit,
es schneit!

Da gehn zwei arme Leut.
Sie kommen vor ein kleines Tor,
Ochs und Esel schaun hervor. *(andere zwei Finger, die abwechselnd wackeln)*
i-ah, i-ah
muh – muh
Kommt her, hier habt ihr Ruh!

Es schneit, *(wie zuvor)*
es schneit,
es schneit.

Da stehn zwei arme Leut.
Sie gehen in den Stall hinein,
der Schnee hört auf zu schnein. *(Schneeflockenhand legt sich nieder)*

Jetzt kommen alle Engel, *(Scharen von Engel-Fingern, Hirten und Schafen kommen geflogen und gelaufen)*
die fliegen auf das Dach.
Jetzt kommen alle Schafe,
die Hirten hinten nach.

Die Engel freun sich und singen
herunter von der Höh,
die Schafe freun sich und springen
und schreien bäh bäh bäh.

Halleluja, halleluja, halleluja, halleluja
bäh bäh bäh bäh bäh *(Großer Lärm und Tumult)*

Die Hirten stehn und fragen:
Was ist denn da geschehn?
Der Stern, der wird's uns sagen,
der Stern hat es gesehn.

Ein Kind ist uns geboren,
ein Kind ist uns geschenkt.
Kommt alle her und freut euch,
vergeßt nun, was euch kränkt.

(Dies sagt der Stern. Die zwei „armen Leut" neigen sich über den zuvor verdeckten und jetzt sichtbaren Daumen, der als Wickelkind auftaucht)

Halleluja, halleluja,
Friede auf Erden!
Halleluja, halleluja,
Friede wird werden!

(Engelgesang. Die Engel-Finger bewegen sich. Alle Kinder singen mit, danach alle, auch die Zuschauer:)

Ihr Kinderlein kommet ...

Aus: Friedl Hofbauer, *Minitheater*, Herder Verlag, Wien

*

Advent, Advent ein Lichtlein brennt,
erst eins, dann zwei,
dann drei, dann vier,
dann steht das Christkind
vor der Tür!

(Von der Faust jeweils einen Finger mehr lösen)

GESCHICHTEN UND MÄRCHEN

Der erste Strohstern

Eine Legende

Als sich die Hirten auf den Weg nach Bethlehem machten, wurde von ihrem Reden und Rufen auch ein Hirtenjunge wach, der bei den Schafen im Pferch geschlafen hatte. Verwundert und noch ein bißchen schlaftrunken lief er mit den Männern und stand dann mit ihnen in dem armen Stall lange Zeit vor dem neugeborenen Kind in der

Krippe, bis einer der Hirten ihn am Arm faßte: „Komm, Bub, wollen heimgehen! Das Kind und seine Mutter brauchen Ruh!"
Unterwegs berieten die Hirten, was sie dem Kind morgen alles mitbringen wollten.
„Ich bring ihm Milch von dem Mutterschaf!" rief der eine.
„Ich nehme guten Schafskäse mit!" sagte ein anderer.
Ein dritter wollte ein Säckchen Mehl hintragen, ein vierter ein weiches Lammfell schenken. Wieder einer wollte ein Bund Holz zum Feuermachen mitbringen und ein anderer einen Beutel voll Winteräpfel zusammensuchen. Einer hatte noch ein Töpfchen Fett, und der älteste von ihnen, der am ärmsten war, sagte nach einigem Überlegen: „Ich spiel dem Kind ein Wiegenlied auf meiner Flöte!"
Der Hirtenjunge wurde allmählich immer trauriger. Alle hatten etwas zu schenken – nur er nicht! Denn außer seinem Hemd und seiner Hose besaß er nichts, höchstens noch eine Jacke, aber die war so alt und so oft geflickt, daß er sie unmöglich dem Kind schenken konnte.
Auf seinem Strohlager konnte der Hirtenjunge lange nicht einschlafen. Immer noch sah er das Kind vor sich. Er wollte ihm so gern auch etwas schenken. Aber was?
Da glänzten auf einmal im Licht des großen neuen Sternes ein paar Strohhalme seines Lagers auf. Sie lagen kreuz und quer übereinander und trafen sich in der Mitte zu einem Stern – einem Strohstern. Da wußte der Junge auf einmal, was er dem Kind schenken konnte! Er wünschte den Morgen herbei, und das Schlafen wurde ihm schwer.
Endlich wurde es Tag. Leise griff der Junge nach dem Messer des Hirten, der neben ihm schlief, und schnitt ein paar Strohhalme zurecht, drehte dann aus Schafwolle einen Faden und schlang und knotete ihn um die Halme, daß ein fester, schöner Stern daraus wurde.
Der Junge ließ den Stern am Faden tanzen. Wie der nun in der Morgensonne schimmerte und leuchtete!
Als die Hirten mit ihren Gaben zum Stall kamen, legte jeder sein Geschenk an der Krippe nieder. Während der Alte noch sein Lied auf der Flöte blies, trat der Hirtenjunge vor. Sein Herz klopfte, als er dem Kind den Strohstern hinhielt. Da schlossen sich die kleinen Finger um einen der glänzenden Halme: das Kind hielt den Stern fest.

Else Tümmel

Wenn ich groß bin

Wenn ich groß bin", sagt die kleine Schwester, „dann möchte ich ein Engel sein und zu den Leuten sagen: Ich verkündige euch große Freude!"
„Das geht ja nicht", sagt der große Bruder. „Aber wenn ich groß bin, dann will ich alles lernen: Wie man Häuser baut und Wasserleitungen legt, wie man mit dem Traktor pflügt und wie man mit der Drillmaschine Korn sät. Und dann fliege ich nach Indien mit dem Flugzeug und zeige den Leuten alles, daß sie es auch können. Und dann müssen sie nicht mehr hungern wie das braune Kind auf dem Plakat. Ja, das mache ich", der große Bruder nickt mit dem Kopf.
„Ja, das machst du", sagt die kleine Schwester und nickt auch mit dem Kopf.
Die Mutter hat alles gehört, sie hat in der Küche Weihnachtspäckchen zugeschnürt. Jetzt kommt sie zu den Kindern.
„Ihr wollt beide ganz genau das Richtige", sagt sie. „Es dauert nur noch eine Weile, bis ihr groß seid. Aber vielleicht könnt ihr schon jetzt etwas tun."
„Was können wir denn jetzt schon tun?" fragten die Kinder.

„Vielleicht steckt ihr zu Weihnachten ein Geldstück aus eurem Sparschwein in unsere Büchse für die hungrigen Kinder in Indien?"
„Das mache ich", sagt der große Bruder.
„Ja, das mache ich auch", sagt die kleine Schwester.
„Und", sagt die Mutter, „jetzt gleich könnt ihr auch etwas helfen, ihr könnt unsere letzten Päckchen zur Post tragen."
Da ziehen sie ihre Mäntel an, jeder nimmt eine Tasche, und dann gehen sie mit der Mutter zur Post.

Gertrud Mielitz

Aus: Gertrud Mielitz, *Sei uns willkommen schöner Stern,* Ernst Kaufmann Verlag, Lahr

Weihnachtsgeschichte für die Kleinen

Ich will dir von einer Frau und einem Mann erzählen. Die Frau heißt Maria und der Mann Josef.
Maria und Josef machen zu Fuß eine weite Reise.
Sie gehen von Nazaret nach Betlehem.
Maria wird bald ein Kind bekommen. Man sieht es.

Als sie in Betlehem ankommen, ist Maria sehr müde. Aber keiner kann ihnen ein Zimmer geben. Weil viele Leute in die Stadt gekommen sind, ist keines frei.
Maria und Josef finden einen Stall. Dort bleiben sie.
In der Nacht bekommt Maria das Kind. Es ist ein Junge. Er heißt Jesus.
Maria packt ihr Baby warm ein und legt es in eine Futterkrippe. Daraus fressen sonst die Tiere.
In der Nähe sind Männer. Sie passen auf viele Schafe und Ziegen auf. Es sind Hirten.
Ihnen läßt Gott sagen:
Heute ist Jesus geboren, in einem Stall.
Er wird die Menschen zu mir führen.
Er ist der Heiland.
Die Hirten wundern sich über diese Botschaft.
Sie sagen: Wir wollen das Kind sehen, das im Stall geboren ist. Wir gehen es besuchen.
Sie finden es ganz in der Nähe. Es liegt in einer Krippe.
Die Hirten sagen: Dieses Kind hat Gott geschickt. Wir wollen Gott dafür danken.
Dann gehen sie heim und sind glücklich. Sie haben Jesus gesehen.

Anton Steiner, Weihnachtsgeschichte für die Kleinen, S. 85 aus: Hans Jellouschek/Wolfgang Wessinger (Hrsg.), *Mit Kindern glauben lernen,* Verlag Katholisches Bibelwerk, Stuttgart 1974

Steffi feiert Weihnachten

Steffi wünscht sich zu Weihnachten das rote Schaukelpferd aus dem Kaufhaus.
„Male es doch auf deinen Wunschzettel" sagt die Mutter. Steffi nimmt ein Blatt Papier und malt ein großes rotes Pferd mit einer schwarzen Mähne. „Jetzt bekomme ich das rote Pferd zu Weihnachten", sagt sie zu Muckel Schlappohr. Muckel Schlappohr nickt, und Steffi freut sich auf Weihnachten.
Am Tag vor dem Heiligen Abend gehen die Mutter und Steffi noch einmal ins Kaufhaus. Da sieht Steffi das rote Pferd. Es steht an dem gleichen Platz wie früher. Auf seinem Rücken schaukelt ein fremdes Kind.
„Das ist mein Pferd!" ruft Steffi. Sie will das Kind wegschubsen. Doch die Mutter hält Steffi fest. „Das ist nicht dein Pferd, Steffi", sagt sie.
„Ich habe es doch auf meinen Wunschzettel gemalt!" ruft Steffi.
„Aber du hast es noch nicht bekommen", sagt die Mutter. „Es steht hier im Kaufhaus, und das Kind darf darauf reiten."
Steffi ist traurig. Sie freut sich nicht mehr auf Weihnachten. Sie denkt nur an das Pferd und an das fremde Kind.

Am Heiligen Abend klingelt der Vater mit dem Weihnachtsglöckchen. Bimmelim, macht es. Bimmelim. Steffi geht in das Wohnzimmer. Dort brennen die Kerzen am Weihnachtsbaum. Es glitzert und glänzt und flimmert und leuchtet. Und neben dem Baum steht etwas! Es ist rot. Es hat eine schwarze Mähne. Es ist ... Es ist das rote Schaukelpferd!
„Das gehört dir, Steffi", sagt der Vater. Da läuft Steffi zu dem Schaukelpferd hin. „Guten Tag, rotes Pferd", sagt sie. „Jetzt bleibst du bei mir."

Aus: Irina Korschunow, *Steffis roter Luftballon*, © 1978 Irina Korschunow, c/o Deutscher Taschenbuch Verlag, München

Märchen
Hans Christian Andersen: *Der Tannenbaum*

LIEDER UND SPIELLIEDER

Komm mit mir

Text: Rolf Krenzer Melodie: Inge Lotz

Der erste Spieler fragt den Mitspieler: „Was willst du dem Kind schenken? Der zweite Spieler zeigt sein Geschenk und benennt es. Der erste Spieler nimmt ihn an der Hand und beide gehen zusammen und singen: „Komm mit mir ...“ usw. Beide Spieler beziehen einen dritten Mitspieler in das Spiel ein. Es folgen immer mehr, so daß am Schluß alle in einer langen Reihe mitgehen. Zum Schluß bleiben alle vor der Krippe stehen, legen ihre Geschenke vor der Krippe ab, stellen sich im Halbkreis auf und singen gemeinsam das Lied: „Im Stall liegt das Kind.“

Im Stall liegt das Kind

Text: Rolf Krenzer Melodie: Inge Lotz

2. Das Kind in der Krippe, es heißt Jesus Christ.
Wir freun uns, weil heut sein Geburtstag ist.

Beide Lieder aus: I. Lotz/R. Krenzer, *Hast du unsern Hund gesehen?,* Ernst Kaufmann Verlag, Lahr/Kösel Verlag, München

Sieben Hirten schlafen (Hirtenspiellied)

Text: Rolf Krenzer Melodie: Inge Lotz

Engel: Heute ist Jesus geboren. Dort im Stall!

Noch sechs Hirten schlafen ...

Noch fünf Hirten schlafen ...

Noch vier Hirten schlafen ...

Noch drei Hirten schlafen ...

Noch zwei Hirten schlafen ...

Seht ihr den noch schlafen
hier bei seinen Schafen?
Da, ein helles Licht!
Und der Engel spricht:

Sieben Hirten schlafen
nicht mehr bei den Schafen.
Kommt, ihr Hirten all,
kommt und lauft zum Stall!

Engel: Heute ist Jesus geboren. Dort im Stall!

Der Engel weckt einen der schlafenden Hirten und sagt seine Botschaft. Beim nächsten Vers weckt der Hirte seinen Kameraden. Einer weckt den anderen. Zum Schluß gehen alle gemeinsam zum Stall.

Aus: *Wir sind die Musikanten,* v. Rolf Krenzer, Inge Lotz u.a., Ernst Kaufmann Verlag, Lahr/Kösel Verlag, München

Wir sind die drei Könige

Text: Rolf Krenzer   Melodie: Inge Lotz

2. Mein Name ist Balthasar.
   Das ist der Stern.
   Wir kommen weit her.
   Denn wir suchen den Herrn!

3. Mein Name ist Melchior.
   Das ist der Stern.
   Wir kommen weit her.
   Denn wir suchen den Herrn!

4. Und ich heiße Kaspar und
   das ist der Stern.
   Wir kommen weit her.
   Denn wir suchen den Herrn!

5. Wir sind die drei Könige.
   Das ist der Stern.
   Wir kommen weit her.
   Denn wir suchen den Stern.

Mit jeder Strophe stellt sich einer der drei Könige vor. Die drei Könige wandern hinter dem Stern her, der ihnen den Weg zeigt. Wir basteln gemeinsam einen großen Goldstern und befestigen ihn an einem Stock. Besondere Freude macht es, wenn man eine andere Gruppe besuchen darf und dort mit Hilfe der Erzieherin das Dreikönigslied vortragen kann. Natürlich darf jeder einmal den Stock mit dem Stern tragen.

Aus: I. Lotz/R. Krenzer, *Mach mit uns Musik*, Ernst Kaufmann Verlag, Lahr/Kösel Verlag, München

Komm, wir gehn nach Bethlehem

Text und Melodie: Aus Böhmen

2. Hansl, blas die Flöte du,
   dideldudel dideldudel dideldudeldei!
   Jesulein, Herre mein,
   wiegen wolln wir dich gar fein.
3. Seppl, spiel den Dudelsack, dideldudel ...
4. Und du Görgel, streich die Fiedel, dideldudel ...
5. Christoph, laß den Baß erklingen, dideldudel ...

Lied: **Weihnachtsgeschenke**
siehe Kap. B1. Unser Spielzeug, S. 37

Lied: **Es läuten die Glocken**
siehe Bd. 2, Kap. A13. Unsere Stadt, S.59

Anmerkung
Außer den oben genannten Liedern sollten natürlich auch die klassischen traditionellen Weihnachtslieder wie „O Tannenbaum“, „O du fröhliche“, „Stille Nacht“ usw. gesungen werden.

MALEN UND BASTELN

Die Kinder

- verzieren Orangen mit Gewürznelken;
- backen Salzteiganhänger für den Christbaum und Lebkuchenfiguren;
- basteln einen Weihnachtsmann aus einer Toilettenpapierrolle und Tonpapier, Seidenpapiersterne, Foliensterne, Foliensternketten, Strohketten, stellen Geschenkkarten mit Kartoffeldruck her.

REIME, GEDICHTE, RÄTSEL

Die heiligen drei Könige

Wir sind die drei heiligen Könige
und folgen unserm Stern,
er ist uns vorangezogen
über den Himmelsbogen.
Jetzt bleibt er stehn. Ganz fern!

Der Stern steht hoch am Himmel
und leuchtet hell und froh:
Kommt, ihr heiligen Könige,
da liegt ein Kind im Stroh!

Die Heiligen Könige kommen geschwind
und finden im Stroh ein kleines Kind.

Sie beugen sich nieder und beten es an
Und weil es schläft
gehn sie leise wieder fort.
Und der Stern leuchtet ihnen,
damit sie gut nachhause kommen.

Aus: Friedl Hofbauer, *Minitheater*, Herder Verlag, Wien

Unsere Weihnachtskrippe

Dies ist die Krippe, und das ist das Kind.
Hier steht der Esel, und da steht das Rind.
Maria ist fröhlich, man sieht es ihr an.
Und der mit dem Bart, das ist Joseph, ihr Mann.

Und dort kommen Hirten mit Mantel und Hut,
auch Hunde und Schafe erkennen wir gut.
Der Stall ist mit richtigem Stroh überdacht.
und alles zusammen hat Vater gemacht.

Das Moos und die Zweige hat Mutter gepflückt.
Sie hat auch das Heu in die Krippe gedrückt.
Ich selbst hab den Stern mit dem Goldschweif geklebt
und den Engel, der oben am Tannenzweig schwebt.

Mathilde Sibbers

Aus: Gertrud Mielitz, *Sei uns willkommen schöner Stern*, Ernst Kaufmann Verlag, Lahr

Der schönste Baum

ich kenne ein Bäumchen gar fein und zart,
das trägt euch Früchte seltener Art.
Es funkelt und leuchtet mit hellem Schein
weit in des Winters Nacht hinein.
Das sehen die Kinder und freuen sich sehr
und pflücken vom Bäumchen –
und pflückten es leer!

Volksgut

SONSTIGE AKTIVITÄTEN

Die Erzieherin

- veranstaltet einen Bastelnachmittag oder -abend zusammen mit den Eltern, bei dem Adventskalender und Weihnachtsschmuck hergestellt werden. Anschließend gibt es Kinderpunsch, Glühwein und Plätzchen;
- backt und verziert mit den Kindern Plätzchen, sticht Salzteig aus, knetet und bäckt Lebkuchen;
- besucht mit den Kindern einen Christkindlmarkt oder eine Krippenausstellung. Dabei kann sie eine Dia-Serie herstellen und später vorführen;
- zeigt die Dia-Serie „Vor langer Zeit in Betlehem" von Ingeborg Becker u.a. (18 Farbdias, Tonbandkassette, Buchteil mit Liedern, Werkanleitung, Adventskalender) oder die Dia-Serie „Der kleine Stern" von Ingeborg Becker u.a. (12 Farbdias, Tonbandkassette, Buch mit Vorschlägen zum Zeichnen, Spielen und Singen), av-edition, Offenbach.
  Die Medienpakete können bei den öffentlichen und kirchlichen Medienstellen ausgeliehen werden oder sind im Buchhandel erhältlich.

3. Fasching, Fastnacht, Karneval

Halli-Hallo-Halunken,
ihr glaubt, wir sind betrunken.

Anmerkung
Wir begnügen uns hier mit allgemeinen Hinweisen, da in der Praxis des Kindergartens Faschingsfeste meist unter ganz bestimmte Themen gestellt bzw. in Projekte integriert werden.

BILDERBÜCHER UND SACHBÜCHER

Blecher, W./Schröder, W.: *Kunterbunter Schabernack*, Georg Bitter Verlag/CVK [12]1988
Carigiet, A./Chönz, S.: *Der große Schnee*, Orell Füssli Verlag, Zürich 1971
Lionni, L.: *Die Maus mit dem grünen Schwanz*, Gertraud Middelhauve Verlag, Köln [7]1990
Wolde, G.: *Totte verkleidet sich*, Carlsen Verlag, Reinbek 1981
Knaurs Spielbuch

Schallplatten

Buenos Dias	(Fidula Fon 1195)
Kinderparty	(Fidula Fon 3060)
Polonaisen	(Fidula Fon 1174)
Tanzlieder für Kinder	(Fidula Fon 1191)
Tanzkarussell	(Fidula Fon 1196)

GESCHICHTEN UND MÄRCHEN

Wollen wir wetten?

Wie kamen die beiden Negerlein auf die verschneite Dorfstraße? Und seit wann gab es Türken und Indianer in dieser Gegend? Türken mit roten Mützen und weiten Pluderhosen – und Indianer, die greulich bemalte Gesichter hatten und lange Speere über den Köpfen schwangen?
„Sie werden vom Zirkus sein", meinte der Rabe Abraxas.

Aber die beiden Negerlein waren nicht vom Zirkus und ebensowenig die Türken und Indianer. Auch die kleinen Chinesinnen und der Menschenfresser, die Eskimofrauen, der Wüstenscheich und der Hottentottenhäuptling stammten nicht aus der Schaubude. Nein, es war Fastnacht im Dorf! Und weil Fastnacht war, hatten die Kinder am Nachmittag schulfrei bekommen und tollten verkleidet über den Dorfplatz.

Die kleinen Türken warfen Papierschlangen. Der Hottentottenhäuptling brüllte: „Uaaah! Uaah!" Der Menschenfresser schrie: „Hungärrr! Hungärr! Wer will sich frrressen lassen?" Die Chinesenmädchen kreischten auf chinesisch, die Eskimofrauen quietschten in der Eskimosprache, und die Cowboys schossen mit Stöpselpistolen in die Luft. Der Schornsteinfeger schwenkte seinen Pappzylinder, der Kasperl haute dem Wüstenscheich mit der Pritsche eins auf den Turban, und der Räuberhauptmann Jaromir schnitt so grimmige Gesichter, daß ihm der angeklebte Schnurrbart nicht halten wollte und immer wieder herunterfiel.
„Siehst du die kleine Hexe dort?" fragte Abraxas nach einer Weile.
„Wo denn?"
„Na, dort vor dem Spritzenhaus! Die mit dem langen Besen!"
„Ach ja!" rief die kleine Hexe. „Die muß ich mir gleich aus der Nähe begucken!"
Sie lief zu der Fastnachtshexe und sagte: „Guten Tag!"
„Guten Tag!" sagte die Fastnachtshexe. „Bist du vielleicht meine Schwester?"
„Schon möglich", sagte die richtige kleine Hexe. „Wie alt bist du denn?"
„Zwölf Jahre. – Und du?"
„Einhundertsiebenundzwanzigeinhalb."
„Das ist gut!" rief die Fastnachtshexe. „Das muß ich mir merken! Von nun an sage ich, wenn mich die Kinder nach meinem Alter fragen: Zweihundertneunundfünzigdreiviertel!"
„Ich bin aber wirklich so alt!"
„Ja, ich weiß, du bist wirklich so alt! Und du kannst ja auch wirklich hexen und auf dem Besen reiten!"
„Und ob ich das kann!" rief die richtige kleine Hexe. „Was wetten wir?"
„Wetten wir lieber gar nichts", sagte die Fastnachtshexe. „Du kannst es ja doch nicht."
„Was wetten wir?" fragte die richtige kleine Hexe noch einmal.
Da lachte die Fastnachtshexe und rief: „Ihr Chinesenmädchen, kommt her! Und ihr Türken und Neger, kommt auch her! Kommt alle her, Wüstenscheich, Eskimofrauen und Menschenfresser! Hier steht eine kleine Hexe, die kann auf dem Besen reiten!"
„Nicht möglich!" sagte der Kasperl.
„Doch, doch!" rief die Fastnachtshexe. „Sie hat mit mir wetten wollen! Nun soll sie mal zeigen, ob sie die Wahrheit gesagt hat!"
Im Nu waren beide Hexen von allen Kindern umringt. Der Schornsteinfeger und der Räuberhauptmann Jaromir, der Kasperl und die Indianer, der Hottentottenhäuptling, die Türken und Negerlein – alle drängten sich lachend und schreiend auf einen Haufen.
„Halte uns nicht zum Narren!" riefen die Eskimofrauen.
„Wir binden dich sonst an den Marterpfahl!" drohte der Indianer Blutige Wolke.
„Wenn du geschwindelt hast", brüllte der Menschenfresser, „dann werde ich dich zur Strafe auffressen! Hörst du? Du mußt nämlich wissen, ich habe Hungärrr!"
„Friß mich nur ruhig auf, wenn du Hunger hast", sagte die kleine Hexe. „Aber du mußt dich dazuhalten, weil ich sonst weg bin!"
Da wollte der Menschenfresser die kleine Hexe beim Kragen packen. Aber die kleine Hexe war schneller. Sie sprang auf den Besen – und hui! war sie hoch in den Lüften.
Der Menschenfresser plumpste vor Schreck auf den Allerwertesten. Negern und Türken, Chinesenmädchen und Eskimofrauen verschlug es die Sprache. Dem Wüstenscheich fiel der Turban herunter, der Räuberhauptmann vergaß das Grimassenschneiden. Blutige Wolke, der tapfere Indianer, erblaßte unter der Kriegsbemalung. Die

Negerlein wurden käsebleich; doch das sah ihnen keiner an, denn sie hatten sich die Gesichter ja glücklicherweise mit Ofenruß eingeschmiert.
Die kleine Hexe ritt lachend rund um den Dorfplatz. Dann setzte sie sich auf den Giebel des Spritzenhauses und winkte hinunter.
Der Rabe Abraxas hockte auf ihrer Schulter und krächzte:
„He, ihr dort unten! Glaubt ihr nun, daß sie hexen kann?"
„Aber ich kann noch viel mehr hexen!" sagte die kleine Hexe. „Der Menschenfresser hatte doch solchen Hunger ..."
Sie spreizte die Finger und murmelte etwas. Da prasselte auf den Dorfplatz ein Regen von Fastnachtskrapfen und Pfannkuchen nieder! Jubelnd und jauchzend stürzten sich alle Kinder auf die fetten Bissen und aßen sich daran satt. Auch der Menschenfresser verschmähte die Krapfen nicht, obwohl es doch eigentlich gegen seine Gewohnheit war.
Nur die Fastnachtshexe aß nichts davon. Sie schaute der richtigen kleinen Hexe nach, die jetzt kichernd auf ihrem Besen davonritt, und dachte: „Nein, so etwas, so etwas! Am Ende stimmt es nun doch, daß sie einhundertsiebenundzwanzigeinhalb Jahre alt ist ..."

Otfried Preußler

Aus: Otfried Preußler, *Die kleine Hexe*,

GESELLSCHAFTSSPIELE

Autorennen

3 bis 4 Kinder sitzen am Start auf einer gut gleitenden Unterlage (Tuch, Decke, Kissen). Sie verschränken die Arme und schieben sich durch Beinbewegung möglichst rasch auf das Ziel zu.

Besentanz

Alle Kinder tanzen einzeln zur Musik. Ein Kind hat einen Besen in der Hand und reicht ihn einem anderen Kind weiter. Es wird immer weitergetanzt solange die Musik spielt. Die Musik wird abgebrochen, das Kind, das den Besen in der Hand hat, scheidet aus.

Bänder stehlen

Die Kinder sitzen im Kreis auf Stühlen. Drei Kinder bekommen ein 1m langes Band hinten in den Gürtel gesteckt und laufen innerhalb des Kreises herum. Ein Kind („Dieb") versucht nun ein Band zu „stehlen". Das Kind, das kein Band mehr hat, scheidet aus. Hat der Dieb alle Bänder erhascht, beginnt eine neue Spielrunde.
(Sehr lebhaftes Spiel, das genügend großen Raum benötigt.)

Trat ich heute vor die Türe

Text: Christel Süßmann Melodie: Heinz Lemmermann

3. *(Melodie 1:)* Max, der Esel und die
Schweine tanzten sehr vergnügt zu dritt.
Selbst die dicke Kuh Babette
wiegte sich im Walzerschritt.

4. *(Melodie 2:)* Mieze bellte, Karo
schnurrte, und die Ziege auf dem Mist
krähte sich die Kehle heiser,
weil doch heute Fastnacht ist.

Nun fangen die Tiere an zu tanzen. Jedes in seiner typischen Bewegung ... und nicht nur das! Da bellen plötzlich Katzen, Ziegen krähen, Schweine galoppieren, Gänse hoppeln ... Da begegnen sich die lustigsten Tiergattungen und versuchen miteinander zu tanzen. Ein herrlicher Spaß für närrische Tage!

Von der Fidula-Cassette 1 *„Tanzlieder für Kinder“*, Fidula Verlag, Boppard/Rhein u. Salzburg

Kommt alle, ihr Kinder

Mündliche Überlieferung

2. Im Fasching ist's lustig, im Fasching ist's schön.
Drum wollen wir alle im Tanze uns drehn.

Ri-ra, ri-ra, Faschingszeit

2. Rira, rira, Faschingszeit,
die Mutter näht ein Faschingskleid ...

3. Rira, rira, Faschingszeit,
die Musikanten spielen heut,
einmal für dich, einmal für mich ...

Wenn die Indianer reiten

Text: Rolf Krenzer Melodie: Inge Lotz

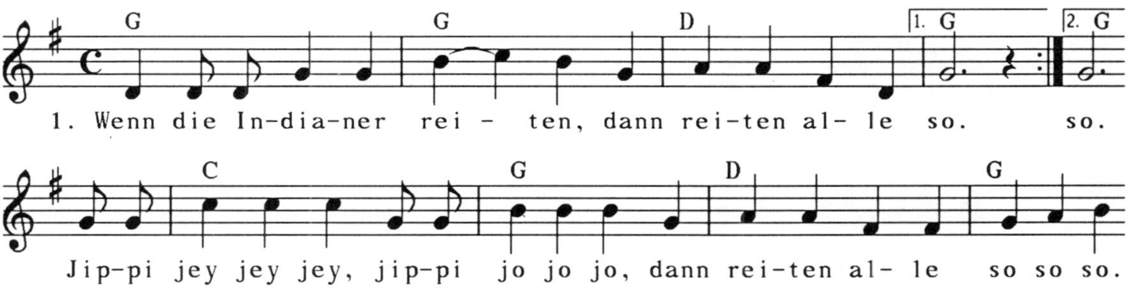

2. Wenn die Indianer schleichen,
dann schleichen alle so ...

3. Wenn die Indianer kämpfen,
dann kämpfen alle so ...

4. Wenn die Indianer jagen,
dann jagen alle so ...

5. Wenn die Indianer springen,
dann springen alle so ...

6. Wenn die Indianer tanzen,
dann tanzen alle so ...

7. Wenn die Indianer schlafen,
dann schlafen alle so ...

Wir schleichen zu dem Lied wie Indianer im Kreis herum, wir reiten, jagen, springen, kämpfen und tanzen. Zum Schluß legen wir uns alle auf die Erde und schlafen.

Aus: I. Lotz, R. Krenzer, *Mach mit uns Musik*, Ernst Kaufmann Verlag, Lahr/Kösel Verlag, München

Die Kuh

2. ... und ist feuerrot?
... mit dem Sonnenbrand dazu ...

3. ... und ist schwarz gestreift?
... mit dem Schlafanzug dazu ...

4. ... und ist stark verschnupft?
... mit dem Taschentuch dazu ...

5. ... und kann kaum noch sehn?
... mit der Sonnenbrill'n dazu ...

6. ... und bringt's Maul nicht auf?
... mit dem Kaugummi dazu ...

MALEN UND BASTELN

Die Kinder
- stellen (zum jeweiligen Thema passende) Masken aus vielerlei Material her;
- falten und verzieren Hüte;
- basteln Girlanden;
- basteln Tischschmuck (z.B. Kasperl aus Toilettenpapierrolle);
- bemalen Luftballons mit Gesichtern;

– stellen Preise (Orden) für Wettspiele her;
– basteln Krachinstrumente;
– bemalen in Gemeinschaftsarbeit große Plakate als Wanddekoration.

REIME, GEDICHTE, RÄTSEL

Im Karneval, im Karneval

Im Karneval, im Karneval
tut jeder, was er kann.
Der Egon geht als Eskimo
und Ernst als schwarzer Mann.

Der dicke Ritter Kunibert,
der hat es gleich entdeckt,
daß unter dem Kartoffelsack
des Nachbars Hansel steckt.
Der Franzl geht als Zauberer,
und Fritz ist Polizist,
doch niemand hat bisher erkannt,
wer dort die Hexe ist.

Die Lehrerin ist Hans im Glück.
Klein Ruth spielt Lehrerin,
und unsre Marktfrau Barbara
ist Schönheitskönigin.

Im Karneval, im Karneval
tut jeder was er kann.
Der Egon geht als Eskimo
und Ernst als schwarzer Mann.

Bruno Horst Bull

Fastnacht der Tiere

„Fastnacht feiern auch wir!“ brüllt der ...
„Wir wollen lustig sein!“ grunzt das ...
„Wir wollen trinken!“ zwitschern die ...
„Ein ganzes Faß!“ meint der ...
„Wir wollen tanzen!“ rufen die ...
„Wie ziehen wir uns an?“ fragt der ...
„Als Frau und Mann!“ kräht der ...
„Ich gehe als Schäfer!“ brummt der ...
„Und ich als Musikant!“ dröhnt der ...
„Ich gehe als Frau!“ krächzt der ...
„Und ich als Graf!“ blökt das ...
„Wann beginnt der Ball?“ flötet die ...
„Um die neunte Stund'!“ bellt der ...
„Wann gehn wir nach Haus?“ pfeift die ...
„Wenn der Wein getrunken“, quaken die ...
„Auf zum Fastnachtsball!“
brüllen, grunzen, zwitschern, krähen,
brummen, flöten, pfeifen, blöken
mit lautem Schall
die Tiere all.

Volksgut

*

Was schmeckt besser als ein Bonbon?
(zwei Bonbons)

A ram sam sam

Tanzform: nach deutscher Überlieferung

AUFSTELLUNG: Beliebig viele fassen zu einer (langen) Reihe.
SCHRITTART: Gehschritt

TANZFORM:
Teil A: Der Vortänzer (Vortänzerin) führt die Reihe durch den Raum
Teil B: und macht mehrmals eine selbstausgedachte, scherzhaft ausgeführte Bewegung vor (z.B. Verbeugung in verschiedenen Richtungen, große Armbewegungen, Kniebeugen usw.), die alle anderen nachmachen.

Der Spieltanz wird beliebig oft wiederholt.

Während die Reihe ihren Weg weiter fortsetzt, tanzt der Vortänzer an der Reihe entlang und hängt sich hinten an. Auf diese Weise kommt immer der nächste in die Rolle des Vortänzers.

Aus: Anneliese Gaß-Tutt, *Tanzkarussell 2*, Fidula-Verlag, Boppard/Rhein u. Salzburg

Wide wide witt, wir wollen tanzen

Tanzbeschreibung: Anneliese Gaß-Tutt

AUFSTELLUNG: Alle stehen im großen Kreis, Blick zur Mitte, durchgefaßt.
SCHRITTART: Kinderhüpfschritt.
TANZFORM:

Teil A: Mit Kinderhüpfschritten im Kreis gegen Tanzrichtung.

Teil B: Bei der 1. Strophe wird hier der 1. Sprung ausgeführt, bei jeder neuen Strophe kommt ein weiterer Sprung hinzu:

... einmal: rechter Fuß nach vorne mit der Ferse aufsetzen.
... zweimal: linken Fuß nach vorne mit der Ferse aufsetzen.
... dreimal: rechtes Knie auf den Boden.
... viermal: linkes Knie auf den Boden.
... fünfmal: rechter Ellbogen auf den Boden.
... sechsmal: linker Ellbogen auf den Boden.
... siebenmal: die Stirn berührt den Boden.

HINWEIS: Man kann den Tanz auch 13mal tanzen, wenn man danach die Zahl der Sprünge wieder um einen verringert.
Wichtig ist, daß man schnell wieder durchfaßt und den „Anschluß" nicht verpaßt.
Natürlich können auch andere Sprünge für Kinder erfunden werden.

Aus: Anneliese Gaß-Tutt, *Tanzkarussell 1,* Fidula-Verlag, Boppard/Rhein u. Salzburg

Zappeltanz zum Karneval

Text und Tanzform: Ortfried Pörsel   Melodie: Heinz Lemmermann

Kehrreim: (rhythmisch sprechen)

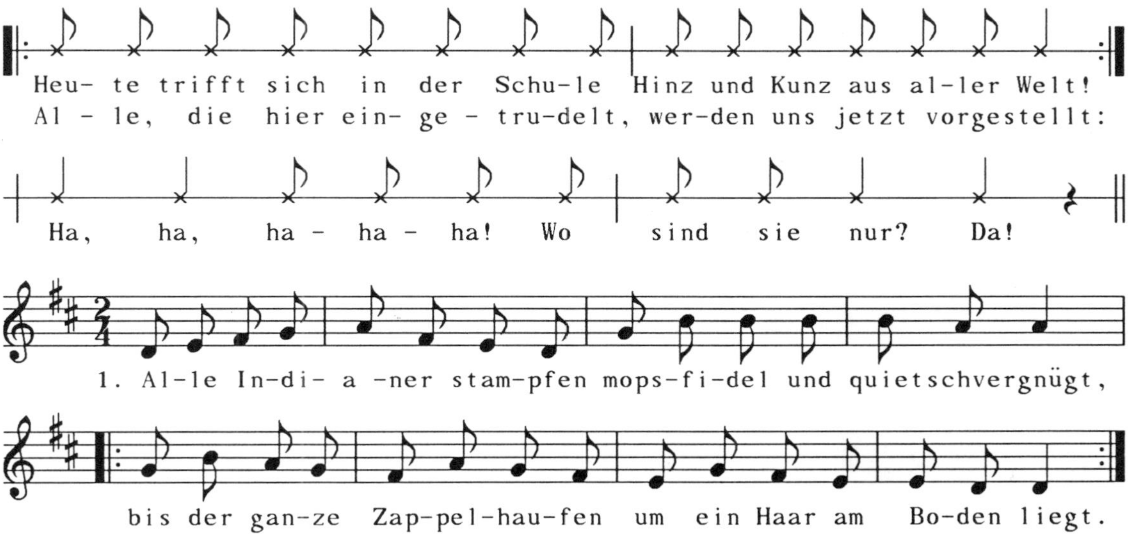

(Sofort wieder Kehrreim anschließen)

2. Alle wilden Cowboys reiten ...
3. Alle Clowns vom Zirkus strampeln ...
4. Alle Hörnerteufel bocken ...
5. Alle Faschingstiere fliegen ...
6. Alle Küchenfeen rühren ...
7. Alle alten Weiber humpeln ...
8. Und das ganze Lumpengsindel ...

AUFSTELLUNG: Die verkleideten Kinder sitzen im Kreis auf den Stühlen.

SCHRITTARTEN: Alle passenden Hüpf-, Sprung- und Gehschritte.

TANZFORM:

Kehrreim: Alle singen das Sprechlied. Danach wird angesagt, wer jetzt zum Tanzen an die Reihe kommt.

Strophen: Alle Kinder mit gleichen Kostümen gehen rasch in den Kreis und führen jeder einen „Zappeltanz“ auf mit seinen eigenen Schritterfindungen. Die anderen im Kreis singen und klatschen.

HINWEIS: Die Strophen sind (außer der letzten) je nach Verkleidung der Kinder austauschbar oder zu ergänzen.

Aus: Anneliese Gaß-Tutt, *Tanzkarussell 1,* Fidula-Verlag, Boppard/Rhein u. Salzburg

Als Themen für Faschingsfeste kommen u.a. in Frage:
„Kasperltheater“, „Rummelplatz“, „Geister, Gespenster, Klabauter“, „Schlaraffenland“, „Märchenschloß“, „Räuberhöhle“, „Zirkus“, „Im Zauberland“ usw.

Auch Kinderbücher (z.B. „Die kleine Hexe“ von Otfried Preußler) sind als Quellen für Faschingsthemen sehr geeignet.

4. Ostern

Osterhasen, groß und klein,
finden sich im Garten ein.

BILDERBÜCHER UND SACHBÜCHER

Bartos-Höppner, B.: *Schnüpperle* (24 Ostergeschichten), C. Bertelsmann Verlag, München 1984

Bolliger-Savelli, A./Stiemert, E.: *Gackitas Ei*, Orell-Füssli/Parabel Verlag, München

Heine H.: *Das schönste Ei der Welt*, Gertraud Middelhauve Verlag, Köln [9]1990

Michels, T.: *Frühlingszeit – Osterzeit,* dtv junior, München

Müller, J./Steiner, J.: *Die Kanincheninsel*, Sauerländer Verlag, Aarau [8]1990

Obrist, J./Bolliger, M.: *Der Hase mit den himmelblauen Ohren*, Artemis Verlag, Zürich [4]1991

Roser, W.: *Alles über Osterhasen*, Verlag pro juventute, Zürich [3]1989

Das Bilderbuch zur Osterzeit, Ravensburger Buchverlag Otto Maier [7]1990

FINGERSPIELE

Klein Häslein

Klein Häslein wollt' spazierengehn,
spazieren ganz allein,
da hat's das Bächlein nicht gesehn,
und plumps! fiel es hinein.

Das Bächlein trieb's dem Tale zu,
dort, wo die Mühle steht,
und wo sich ohne Rast und Ruh
das große Mühlrad dreht.

Ganz langsam drehte sich das Rad,
drauf sprang der kleine Has',
und als er endlich oben war,
sprang er vergnügt ins Gras.

Dann lief das Häschen schnell nach Haus,
vorbei ist die Gefahr.
Die Mutter klopft das Fell ihm aus,
bis daß es trocken war.

Zeigefinger und Mittelfinger stellen das „Laufen" des „Häschens", durch entsprechende Bewegungen der beiden Finger an der Tischkante entlang, dar.
Bei „plumps" fällt das „Häschen" (Finger) vom Tisch herunter bzw. in die andere geöffnete Hand (das „Bächlein").
Diese umschließt das „Häschen" (Finger festhalten) und „trägt es zur Mühle". Die Hände werden wellenförmig auf und nieder bewegt.

In Zeile 8 und 9 werden die flachen Hände übereinandergehalten und das Kreisen des Mühlrades dargestellt. Bei „sprang er vergnügt“ deuten die beiden obengenannten Finger das abspringende „Häschen“ an, es folgen Laufbewegungen am Tisch entlang. In Zeilen 15–16 wird das „Häschen“ leicht geklopft, das heißt, mit der einen Hand leicht auf den Handrücken der anderen Hand geklopft.

Lange Ohren, Schnuppernäschen,
ist das nicht das Osterhäschen?
Hüpf di hüpf, hüpf di hüpf,
kommt es übers Gras gehüpft.
Ostereier süß und fein
bringt's für unser ... (Peterlein).

Daumen, Ringfinger und kleiner Finger bilden den Bauch des Häschens, in dem ein Osterei versteckt wird.

Beide Spiele aus: Marga Arndt/Waltraud Singer, *Fingerspiele und Rätsel,* Volk und Wissen Verlag, Berlin 1989

Zwei Hähne

Da ist ein Hahn,
und noch ein Hahn
die schaun sich mit großen Augen an,
dann probieren sie,
wer besser krähen kann.

Kikeriki kikerikiiiie
kikerikiiii kikerikiiii.

Spiel für zwei Hände. Mittelfinger, Ringfinger und kleiner Finger beider Hände zum Hahnenkamm gespreizt, Zeigefinger und Daumen bilden den Hahnenkopf. Der Kamm bleibt immer oben. Erst bilden Zeigefinger und Daumen die runden Augen, die Hähne beäugen einander. Dann öffnen sie den „Schnabel“ (ebenfalls Daumen und Zeigefinger) und krähen abwechselnd.

Es sitzen da zwei Hasen

Es sitzen da zwei Hasen
im grünen Gras,
der eine sagt zum andern:
Weißt du was –
wir wackeln mit den Ohren
nur so zum Spaß!

Fingerspiel für zwei Hände. Zeigefinger und Mittelfinger als Hasenohren hochgestellt, die anderen drei Finger zur Faust geschlossen. Variationsmöglichkeit: zwei Kinder, je eine Hand. Oder zwei Kinder vier Hände, drei Kinder sechs Hände ... Dann heißt es jeweils: es sitzen da vier Hasen ... oder sechs.

Beide Spiele aus: Friedl Hofbauer, *Minitheater,* Herder Verlag, Wien

*

Fünf Männlein sind in den Wald gegangen,
die wollten den Osterhasen fangen.
Der erste, der war so dick wie ein Faß,
der brummte immer: „Wo ist der Has'?“
Der zweite rief: „Sieh' da, sieh' da!
Da ist er ja, da ist er ja!“
Der dritte war der allerlängste,
doch leider auch der allerbängste,
der fing gleich an zu weinen:
„Ich sehe keinen! Ich sehe keinen!“
Der vierte sagte: „Das ist mir zu dumm,
ich mach nicht mehr mit, ich kehr' wieder um!“
Der kleinste aber, der hat's gemacht,
der hat den Hasen nach Hause gebracht!
Da haben alle gelacht!

*

Kommt man in den Wald hinaus,
da sieht's an Ostern lustig aus.
Frau Hase kocht viel Eierlein
für gute Kinder, groß und klein.

Mit Pinsel und mit Farbe dann
malt sie der Maler Hase an.
Rot, gelb und blau, recht bunt und schön,
so wie wir's gern an Ostern seh'n.

Und nun beschaut sie Vater Has',
er hat die Brille auf der Nas'.
Er läuft mit seinem Häselein
geschwinde in die Stadt hinein.

Ganz heimlich in der stillen Nacht
verstecken sie die Eier sacht.
Früh suchen sie die Kinder schnell
und essen alle auf der Stell'.

GESCHICHTEN UND MÄRCHEN

Wo wohnt der Osterhase?

Bettina fragt ihren großen Bruder: „Wo wohnt der Osterhase?" Felix lacht: „Im Nirgend-Wald an der Kuckucks-Gasse!" Bettina fragt den Vater: „Wo wohnt der Osterhase?" Der Vater sagt: „Frag doch die Mutter!" Bettinas Mutter sagt: „Deine Großmutter weiß es am besten!" – „Dann will ich zur Oma", bettelt Bettina.
Bettina darf die Großmutter besuchen. Sie hat einen Hund, fünf Kaninchen und viele Hühner. Bettina füttert mit Großmutter das Kaninchen Otto. „Otto, bist du der Osterhase?" Otto kaut an seinem Löwenzahn: Vielleicht! Er kippt sein Ohr nach vorn.
„Die Eier werden von den Hühnern gelegt", sagt die Großmutter. „Willst du die Hühner füttern?" Bettina nimmt einen kleinen Kessel voll Körner und streut sie auf den Boden. Da kommen alle Hühner und picken. „Vielleicht sind schon Eier im Nest", sagt Großmutter. „Komm in den Stall."
Bettina findet sieben Eier! Sie legt alle vorsichtig in einen kleinen Korb. „Und jetzt, Oma?" Großmutter trägt die Eier in die Küche. Sie müssen gekocht werden. Das kann Otto nicht!
Nachher holt Großmutter Otto aus dem Stall. Otto ist ganz zahm. Er bleibt ruhig auf ihrem Arm. „Komm, kleiner Osterhase!"
Großmutter setzt Otto in der Stube auf den großen Tisch. Da sind Farben, da sind Pinsel! Otto schnuppert an den Eiern im Körblein. Großmutter beginnt zu malen. Sie hält Bettina einen Pinsel hin: „Willst du mir helfen?" Otto sitzt ganz still.
Bettina ist glücklich: „Nicht wahr, jetzt sind wir im Nirgend-Wald an der Kuckucks-Gasse. Jetzt weiß ich endlich, wo der Osterhase wohnt!"

Lisbeth Kätterer

Aus: Quiesel-Bücher – Kindergeschichten, Verlag Moritz Diesterweg, Frankfurt/Main

Tino und das Osterei

Tino nimmt einen Kochtopf. Er gießt Wasser hinein. Er stellt den Topf auf die Kochplatte. Er legt ein Ei in den Topf. Er läßt das Ei kochen, bis es hart ist. Er schüttet rotes Farbpulver in das Wasser. Das Ei wird ein rotes Osterei.
Tino nimmt eine Speckschwarte. Er reibt das Osterei, bis es glänzt.
Tino nimmt ein Taschenmesser. Er kratzt feine, weiße Muster in die rotgefärbte Schale: Wellen, Punkte, kleine Sonnen. Vögel, die hüpfen, und Vögel, die fliegen. Ein Lämmlein mit Ringellokken. Drei winzige Kücken, eines davon mit einem Wurm im Schnabel. Den Wurm sieht man kaum mehr, so fein ist er gekratzt.
Tino denkt: Vorher war das Ei so klein. Aber wenn man es verziert, merkt man erst, wie groß es ist.
Jetzt ist das Osterei fertig. Tino schenkt es Tina.
Tina schaut das Ei an. „Schön", sagt Tina. „Danke", sagt Tina. Und dann schält sie das Ei und ißt es auf.
Tino schreit: „Ich habe dir ein Osterei geschenkt, und du ißt es auf!"
„Was hätte ich sonst damit tun sollen?" fragt Tina.
„Alles", stammelt Tino. „Nur nicht aufessen."

Aus: Lene Mayer-Skumanz, *Tinogeschichten,* Herder Verlag, Wien

Ostermorgen

Nach dem Frühstück wurde das Zwieselchen noch ein bißchen zu seinen Spielsachen geschickt, aber es mochte eigentlich gar nicht spielen, weil es immer glaubte, vielleicht käme gerade jetzt der Osterhase in den Garten.
So war es wohl auch. Denn plötzlich rief die Mutter: „Zwieselchen, komm! Wir wollen in den Garten gehen. Ich glaube beinahe, es ist jemand dagewesen."
„Der Osterhase!" schrie das Zwieselchen und rannte hinaus. Ja, wirklich, da war nun der Osterhase gewesen. Denn gleich beim ersten Blick sah das Zwieselchen ein rotes Ei aus den dunkelgrünen Zweigen des Lebensbaumes hervorleuchten. Hinter dem Baum stand der große braune Hase, der alle Ostern wiederkam. Wenn man ihm den Kopf abnahm – das Zwieselchen tat es natürlich gleich – dann war er innen hohl und mit lauter kleinen Zucker- und Schokoladeneierchen gefüllt. Aber das Zwieselchen sah gar nicht erst lange in den hohlen Hasen hinein, sondern stürzte jubelnd quer über den Rasenplatz auf das grüngestrichene Turngerät zu, weil in den Löchern zum Einstecken der Reckstange auch etwas Buntes schimmerte. Von da ging es zum Erdbeerbeet und zum Rosenbeet und zur Ligusterhecke und zum Apfelbaum und zum Efeugerank an der Veranda und was weiß ich, wohin noch sonst überall. Hier gab es ein schokoladenes Nest mit Marzipaneiern drin. Hier gab es durchgeschnittene Eier, bei denen das Gelbe aus dem Weißen hervorguckte. Hier war ein Bonbonhäschen und hier ein rosa und weiß gesprenkeltes Seifenei, so schön, daß das Zwieselchen bestimmt nicht schreien wollte, wenn ihm davon mal Seifenwasser in die Augen kommen würde! Und dann noch Hühnereier in allen 30 Farben!

Aus: Werner Bergengruen, *Zwieselchen und der Osterhase* (gekürzt), © by K. Thienemanns Verlag, Stuttgart-Wien

Ostereier suchen

Es waren einmal zwei Brüder, ein großer und ein kleiner. Die gingen am Ostermorgen zusammen im Stadtwald spazieren.
„Ob der Osterhase schon unterwegs ist?" fragte der kleine.
„Wer weiß!" sagte der große. Und er sah sich um, lief um den Busch und rief: „Nanu! Was liegt denn hier?"
„Ein Osterei!" Der kleine hüpfte vor Freude, griff nach dem silbrigen Ding und tat es in sein Körbchen.

„Das erste hab ich gefunden!" rief er stolz.
Der große Bruder nickte und guckte zum Weidenbaum. „Da ist noch eins!"
Der kleine lief hin. „Zwei! Schon zwei habe ich!"
Der große Bruder nickte und wandte sich hinüber zur Krokuswiese. Blau und gelb leuchtete sie, und was blinkte kunterbunt mittendrin?
„Ein Osterei! Noch eins! Schon drei habe ich entdeckt! Mein Korb ist bald voll!" jubelte der kleine.
Der große Bruder nickte, ging ein Stück weiter und lehnte sich an den Brunnenrand, wo plötzlich purpurrot wieder ein Osterei winkte.
So liefen sie hin und her. Der große spähte umher, und der kleine sammelte die Eier ein – bis er auf einmal stehenblieb.
„Ich habe so viel, und mein Bruder hat nichts", dachte er und kullerte dem großen ein Ei vor die Füße.
„Oh, ein Ei", rief der Bruder erstaunt.
„Nimm nur. Du hast es gefunden", meinte der kleine verschmitzt und freute sich.
Der große stecke das Ei in die Tasche. Sie waren aber noch nicht weit gegangen, da rollte wieder etwas auf den Weg.
„Oh, ein Ei", staunte der große abermals.
Und der kleine meinte: „Nimm! Es ist deins. Du hast es gefunden", und lachte und freute sich.
Der große steckte auch dieses Ei in die Tasche.
Insgeheim aber sagte er sich:
„Wenn das so weitergeht, schenkt mir der Kleine alle seine Ostereier zurück."
Und er bückte sich und rollte die Eier ins Gras. Dicht neben die Butterblume, die der kleine gerade pflücken wollte.
„Ein Ei! Und noch ein Ei!" wollte der kleine Bruder rufen.
Da stutzte er, guckte noch einmal hin, schaute seinen großen Bruder streng an und sagte:
„Du schwindelst! Sie gehören dir. Ich habe sie für dich versteckt!"
„Ja wirklich?" Der große Bruder lachte. „Dann bist du auch ein Osterhase."
Er setzte sich auf einen Baumstumpf und teilte das erste Ei, und die beiden Brüder aßen es miteinander auf.

Anne Geelhaar

Die Überraschung

Am Gründonnerstag saß Uli in seinem Zimmer und bemalte Ostereier. Er hatte sechs Eier von seinem eigenen Geld gekauft. Die Nachbarin hatte sie gekocht, und jetzt pinselte er drauflos. Seine Mutter war zum Einkaufen gegangen. Bevor sie zurückkam, wollte Uli fertig sein; denn die Eier sollten eine Überraschung werden.
Wie hübsch die Ostereier aussahen! Fünf hatte Uli schon bemalt: zwei mit Blumen, zwei mit Girlanden und eins mit kleinen Osterhasen. Gerade wollte er das sechste Ei in die Hand nehmen, da klappte die Wohnungstür.
„Uli, wo steckst du?" rief die Mutter.
„Hier!" antwortete Uli. Schnell legte er die Eier auf einen Stuhl und deckte ein Kissen darüber. Im gleichen Moment steckte die Mutter den Kopf ins Zimmer.
„Na, malst du was Schönes?" erkundigte sie sich.
„Hmmm", machte Uli. Dann fragte er: „Was hast du denn eingekauft?"
„Eine Menge", sagte die Mutter. „Mehl, Butter, Zucker, Brot, Wurst. Den Braten für Ostern habe ich auch schon mitgebracht. Jetzt will ich unser Mittagessen kochen."
„Was gibt es denn?" wollte Uli wissen.
„Spinat", sagte die Mutter. „Heut' ist doch Gründonnerstag. Da essen wir etwas Grünes."
Uli schüttelte sich.
„Spinat? Warum denn gerade Spinat?"
Mit einem Seufzer ließ er sich auf den Stuhl fallen.

Krchchch, knirschte es unter dem Kissen, krchchchch. Das waren die bemalten Eier, die Uli unter dem Kissen versteckt hatte. Uli sprang entsetzt auf, und die Mutter wollte das Kissen hochheben.
„Nicht hingucken!" rief Uli. „Es soll doch eine Überraschung sein. Und nun ist alles kaputt. Und ich habe kein Geld für neue ..."
„Eier" hatte er sagen wollen. Aber er schluckte das Wort noch rechtzeitig hinunter. Sonst hätte er die ganze Überraschung verraten.
„Kein Geld?" sagte die Mutter. „Da irrst du dich aber. Du mußt doch noch dein Taschengeld bekommen. Du bist ein reicher Junge."
Das war Geld zur rechten Zeit. Uli sauste sofort los, um neue Eier zu kaufen. Bevor er jedoch mit dem Malen begann, schrieb er mit großen Buchstaben

EINTRITT VERBOTEN!

auf einen Zettel. Den Zettel hängte er an seine Tür.
Nun wußte jeder, daß Uli nicht gestört werden durfte. In aller Ruhe konnte er seine Ostereier bemalen, und diese Eier wurden noch schöner als die ersten.

Irina Korschunow

Der tolpatschige Osterhase

Es war einmal ein kleiner, tolpatschiger Osterhase. Dem fiel beim Ostereiermalen immerzu der Pinsel hin, oder er tupfte mit der Nase oder mit den Ohren in die Farbe. So hatte er schließlich eine rote Nase, ein gelbes und ein grünes Ohr, ein blaues und ein weißes Bein und ein violettes Puschelschwänzchen.
Alle anderen Osterhasen lachten, wenn sie ihn sahen: „Hahaha, du hast ja eine ganz rote Nase", und: „Hahaha, du hast ja ein gelbes Ohr" und so weiter.
Zum Schluß fiel ihm der ganze Farbtopf um, und auf dem Boden gab es eine große Pfütze.
„Ach du liebe Zeit!" rief der kleine Osterhase. Und dabei stieß er aus Versehen an den Tisch, und alle Eier, die er schon angemalt hatte, und auch die, die er noch nicht angemalt hatte, fielen hinunter in die bunte Pfütze. Es war noch ein Glück, daß sie nicht kaputtgingen, denn der Waldboden war weich vom Moos und von den Gräsern.
Wieder lachten die anderen Hasen über den armen kleinen Tolpatsch, und der weinte eine Zeitlang. Aber als er anfing, die Eier wieder in den Korb einzusammeln, da sah er, daß sie in der bunten Farbpfütze ganz wunderschön geworden waren. Auf manche Eier hatten sich kleine Gräser und Blumen gelegt, und an diesen Stellen waren sie weiß geblieben, während sie sonst ganz bunt wie ein Regenbogen aussahen.
Als die anderen Hasen sahen, wie schön die Eier des kleinen Tolpatsches geworden waren, da hörten sie schnell auf zu lachen und wurden ganz still. Auch die Kinder haben nachher zu Ostern am liebsten die schönen, bunten Eier des tolpatschigen Osterhasen gegessen. Als die Kinder seine Eier im Wald suchten und sich über die besonders schönen Regenbogenfarben und die Gräser und Blumen darauf freuten, da hat der kleine, tolpatschige Osterhase hinter einem Busch gesessen und zugeschaut und hat ganz leise gelacht.

© Heinrich Hannover

Märchen

Gebrüder Grimm:
Der Wettlauf zwischen Hase und Igel

GESELLSCHAFTSSPIELE

Eierblasen

Ein ausgeblasenes Ei wird in die Mitte des Tisches gelegt. Alle Spieler setzen sich dicht um den Tisch. Die angewinkelten Arme werden auf den Tischrand gelegt, um so eine kleine Mauer für das Ei zu bilden.
Dann beginnt der erste Spieler das Ei anzublasen, so daß es über den Tisch auf einen der Mitspieler zurollt. Dieser muß nun nach Kräften dagegenblasen, denn wenn das Ei ihn berührt, bekommt er einen Punkt angeschrieben.
Wer zuerst 10 Punkte hat, hat verloren. Sieger ist also der Spieler, den das Ei am seltensten berührt hat. Hier kommt es nicht allein auf die gute „Puste“ an, sondern auf eine schnelle Reaktion!

Häschen, Häschen in dem Gras

Laufspiel nach der Melodie: „Schau nicht um, der Fuchs geht rum ...“
Die Kinder bilden einen durchgefaßten Kreis, Kind A steht in der Mitte des Kreises, Kind B steht außerhalb des Kreises und ruft Kind A zu: (singend) „Häschen, Häschen in dem Gras, bist du vielleicht der Osterhas?“
Kind B antwortet: (singend) „Nein, nein, nein, der bin ich nicht, und wer das sagt, der irret sich. Ich bin der ... (Name des Kindes).“
Kinder im Kreis rufen: „Lauf ... (Name des Kindes)!“
Die Kinder öffnen den Kreis, Kind A läuft heraus. Kind B muß nun versuchen, Kind A zu fangen.

KÄUFLICHE SPIELE

Kikeriki
Häschen hüpf
Tierpuzzle (Hase, Henne, Lamm)
Otto Maier Verlag, Ravensburg

Die Farblegehenne
Atelier Lila

Wenn der Schnee zerrinnt

Text und Melodie: Hans Poser

2. Und im Hühnerstall sitzt das brave Huhn,
hat zur Osterzeit schrecklich viel zu tun.
Legt so fleißig in das Heu jeden Tag ein frisches Ei,
hinterher, da ruft es klug: Tuck-tuck-tuck-tuck-tuuuk!

Aus: Liselotte Rockel, *Das Liedernest,* Bd. 1, Fidula-Verlag, Boppard/Rhein u. Salzburg

Has, Has, Osterhas

Text: Paula Dehmel Melodie: Richard Rudolf Klein

2. Has, Has, Osterhas, mit deinen bunten Eiern!
Der Star lugt aus dem Kasten raus.
Blühkätzchen sitzen um sein Haus.
Wann kommst du Frühling feiern?

3. Has, Has, Osterhas, ich wünsche mir das
Beste: ein großes Ei, ein kleines Ei,
dazu ein lustig Didldumdei.
Und alles in dem Neste.

Aus: *Lernspiele,* Fidula Verlag, Boppard/Rhein u. Salzburg

Heute kommt der Osterhas'

Text: Rolf Krenzer Melodie: Inge Lotz

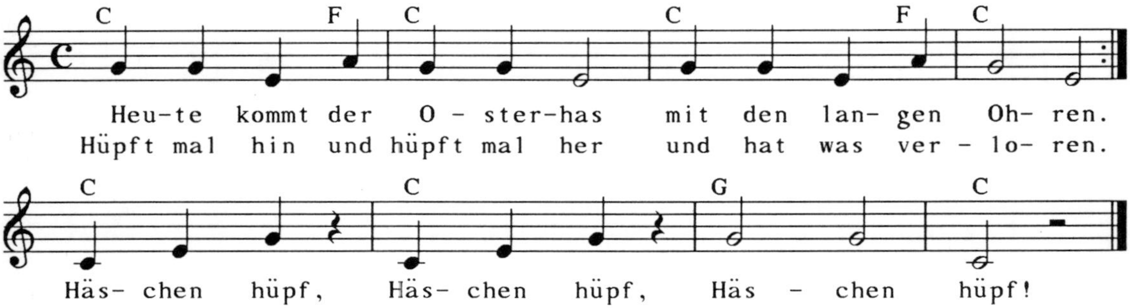

Die Kinder sitzen im Kreis. Jedes Kind hat ein Osternest hinter sich aufgestellt. Ein Kind spielt den Osterhasen. Der Osterhase hüpft außen um den Kreis herum und legt – möglichst unbemerkt, einem Kind ein Ei in das Nest. Das Kind, welches das Ei gefunden hat, darf dann den Osterhasen spielen.

Aus: I. Lotz/R. Krenzer, *Hast du unsern Hund gesehen?,* Ernst Kaufmann Verlag, Lahr/Kösel Verlag, München

Lieber Osterhas'

Text und Melodie: Barbara Böke

2. Lieber Osterhas', bitte, bring mir was,
viele Eier, bunt und schön, will ich gerne suchen geh'n, lieber Osterhas'.

Aus: *Lernspiele,* Fidula-Verlag, Boppard/Rhein u. Salzburg

Häschen in der Grube

2. Häschen, vor dem Hunde
hüte dich,
hüte dich!
Hat gar einen scharfen Zahn,
packt damit mein Häschen an.
Häschen, lauf,
Häschen, lauf,
Häschen, lauf!

Das „Häschenkind“ sitzt in der Kreismitte und bildet mit den Händen lange Ohren. Bei „Armes Häschen, bist du krank ...“ legt sich das Kind auf den Boden. Bei „Häschen, hüpf ...“ hüpft das Kind im Kreis herum.
Der Hund (am Anfang des Spieles ausgemacht) sitzt unter dem Stuhl. Bei „Häschen, lauf ...“ läuft das Häschen auf seinen Platz, und der Hund versucht es zu erwischen.
Zwei andere Kinder werden bestimmt.

Aus: Elisabeth Salzer, *Rundherum im Kreis,* Don Bosco Verlag, München

Drunten an der Gartenmauer

Text: Volksgut Melodie: Liselotte Rockel

2. Und nun sucht in allen Ecken,
wo die schönen Eier stecken.
Rot und blau, grün und grau
und mit bunten Flecken.

Aus: Liselotte Rockel, *Das zweite Liedernest,* Fidula-Verlag, Boppard/Rhein u. Salzburg

Schaut euch nicht um

Schaut euch nicht um, schaut euch nicht um,
ich trag' ein Osterei herum
und leg' es in das grüne Gras.

Ihr denkt ich sei der Osterhas' ...
Doch falsch geraten – eins, zwei, drei –
wo liegt es jetzt, das Osterei?

(Nach der Melodie: Schau dich nicht um, ein Fuchs geht rum, siehe auch Spiel, S. 110)

MALEN UND BASTELN

Die Kinder
- bemalen und verzieren ausgeblasene Eier;
- malen Hahn und Henne aus den Umrissen einer Hand;
- machen einen Kartoffeldruck „Hasen", Küken";
- stellen ein Mosaik aus zerdrückten Eierschalen her (bunte Schalen auf weißem Papier bzw. weiße Schalen auf bunten Papier);
- stellen einen Eierfries her (bunte Eier werden in Eierpaletten geklebt bzw. gesteckt);
- setzen Häschen aus rohen Kartoffeln zusammen;
- setzen Hasen oder Küken aus Pompons zusammen;
- kleben Küken aus geschnittenen oder gerissenen Papierstreifen;
- basteln Küken aus spiralförmig aufgeklebter Wolle oder Wollkordeln;
- falten Eierbecher (aus „Himmel und Hölle");
- basteln Osterkörbchen.

REIME, GEDICHTE, RÄTSEL

Der erste Ostertag

Fünf Hasen, die saßen beisammen dicht,
es machte ein jeder ein traurig Gesicht.

Sie jammern und weinen:
Die Sonn' will nicht scheinen!

Bei so vielem Regen, wie kann man da legen
den Kindern das Ei? O weih, o weih!
Da sagte der König: so schweigt doch ein wenig!
Laßt Weinen und Sorgen, wir legen sie morgen!

Heinrich Hoffmann v. Fallersleben

Ostergedicht für Kinder

Ein kleines Häschen hoppelt munter
den Wiesenweg ins Tal hinunter.
Den Schnauzbart hat es keck gestriegelt
und auch die Ohren aufgebügelt,
die Augen leuchten voller Wonne,
das Hasenfell glänzt in der Sonne.
Fröhlich grüßt es seinen Vetter:
„Na, ist das nicht ein Frühlingswetter?"
Und lachend meint es zu der Maus:
„Komm doch aus deiner Höhle raus!"
Die Weidenkätzchen blicken dumm
sich nach dem munter'n Häschen um,
wie's über Stock und Stein da fegt
und hundert Purzelbäume schlägt.
„He!" staunt der Maulwurf. „Was ist los?
Warum strahlst du denn heute bloß?"
Und auch das erste Osterglöckchen
winkt ihm mit dem gelben Röckchen:
„Ach, Häschen, halt doch einmal an,
damit ich dich was fragen kann!"
Da bleibt der Hase endlich stehn.
„Ja, Freunde, könnt ihr denn nicht sehn?
Das Eis ist weg, der Schnee ist fort,
die Vögel zwitschern hier und dort –
Ostern ist es, Ostern, Leute!
Das Osterfest beginnt doch heute!"

Brigitte Blobel

*

Ach, liebes Häschen, komm herbei,
bring mir doch bitte auch ein Ei!
Schön bunt und lustig anzuschaun,
in Rot und Gelb und Grün und Braun!
Aus Schokolade könnt' es sein,
mit Marzipan, das wäre fein!
Ein Körbchen auch mit Zuckereiern
bräucht ich, um fröhlich mitzufeiern.
Ach, liebes Häschen, denk an mich,
dann lieb ich dich ganz inniglich!

Brigitte Blobel

Beide Gedichte aus: Brigitte Blobel, *Das Osterbuch*,

Der Osterhase

Darf nicht ruhn,
hab zu tun:
Eier färben,
Muster kerben,
Farben mischen,
Pinsel wischen
und die Schalen
bunt bemalen,
Federn schneiden,
Karten schreiben,
Körbe flicken
und mich bücken,
hinterm Zaun
Nester bau'n!
Und dazwischen
schau'n geschwind,
ob die Kinder artig sind!

Ostermorgen

Hanna, Susanna,
das Häschen ist weg.

War eben im Garten,
jetzt läuft's um die Eck'.

Hanna, Susanna,
wir wollen mal seh'n,
vielleicht finden wir Eier,
gelt, das wäre schön?

Auf ein Osterei zu schreiben

Dies Haus
hat keine Ecken.
Ist was Gutes drin,
laß es dir schmecken.
Steigt heraus ein Kikeriki,
hast du Musik um vier in der Früh.

Josef Guggenmos

Aus: Josef Guggenmos, *Was denkt die Maus am Donnerstag?*, Georg Bitter Verlag, Recklinghausen 1967

*

Das weiß ein jeder, wer's auch sei:
Gesund und stärkend ist das Ei.

Wilhelm Busch

*

Osterhäschen, Osterhas',
komm mal her, ich sag dir was!
Laufe nicht an mir vorbei,
schenk mir doch ein buntes Ei!

*

Sie scharrt im Garten, sucht's Korn auf der Tenne,
wir kochen ihre Eier, es ist die ...?
(Die Henne)

Es ist weiß und frisch,
man sieht es oft auf dem Frühstückstisch.
(Das Ei)

Er kräht auf dem Mist, so laut er kann,
du weißt, wer es ist, es ist der ...?
(Der Hahn)

Ich kenn' ein kleines, weißes Haus,
hat nichts von Fenstern, Türen, Toren;
und will, wer drinnen wohnt, heraus,
so muß er erst die Wand durchbohren.
(Das Ei)

*

Sieht wie ein gelbes Bällchen aus
und wohnt in einem weißen Haus,
das hat nicht Tür, nicht Fensterlein.
Da drinnen muß es dunkel sein.
Und will das Piepsebällchen raus,
dann hackt es erst entzwei sein Haus.
(Das Küken im Ei)

Nun ratet schnell, es ist nicht schwer:
Auf unserm Hofe geht's umher,
pickt Körner mit Vergnügen
und läßt nicht eines liegen.
(Die Hühner)

Zwei Rätsel aus: Marga Arndt/Waltraud Singer, *Fingerspiele und Rätsel,* Volk und Wissen Verlag, Berlin 1989

SONSTIGE AKTIVITÄTEN

Die Erzieherin und die Kinder
- backen zusammen Osterfladen, Osterbrötchen und Osterhasen;
- betrachten, riechen, schmecken Eier (rohe, gekochte, gebratene);
- besuchen einen Tierpark (im Kinderzoo bietet sich häufig Gelegenheit, ein Küken ausschlüpfen zu sehen).

Arbeitsblätter:
- Werkspielbögen „Ostern“, Lurz Verlag;
- „Ein Küken schlüpft aus.“ Lern- und Legespiele, Kallmeyer'sche Verlagsbuchhandlung, Seelze-Velber.
- Die Kinder übertragen ein Muster auf ein Ei bzw. erfinden ein Muster für ein Osterei.

Siehe auch: Christa Nitz: Praxis der Vorschulerziehung, Kallmeyer'sche Verlagsbuchhandlung, Seelze-Velber

Schwungübung:

Nestbau

In dem Baum auf dem Geäst,
baut ein Vogel sich ein Nest.
Legt hinein ein Ei,
oder sind's gar zwei?

(Der Vers wird beim Malen gesprochen)

Schema:

5. Muttertag

BILDERBÜCHER UND SACHBÜCHER

vgl. Bd. 1, Kap. A6. Meine Familie, S. 119f

GESCHICHTEN UND MÄRCHEN

Auch Männer können kochen

Bammel und sein Vater sitzen wieder einmal am Mittagstisch. Doch heute ist keine Mutter da, die sie bedient. Lustlos stochern Vater und Sohn mit der Gabel in ihren Kartoffeln herum.
„Tut mir leid, daß sie angebrannt sind“, sagt der Vater. „Aber morgen ist Mutti wieder da!“
Bammel ißt schweigend weiter.
„Das Gas war eben zu stark“, sagt der Vater, der sich entschuldigen will.
„Ist nicht schlimm“, sagt Bammel. „Kochen ist nur was für Frauen!“
„Na, so ganz stimmt das nicht“, berichtigt ihn der Vater. „Auch Männer können kochen. In den großen Hotels sind die Köche sogar meistens Männer.“
„Und warum kannst du nicht kochen?“ will Bammel wissen.
„Weil ich es nie gelernt habe“, sagt der Vater.
„Und Mutti?“ fragt Bammel.
„Sie hat es von ihrer Mutter gelernt.“
„Und du bist jetzt zu alt zum Lernen?“ fragt Bammel.
„Niemand ist zu alt zum Lernen“, antwortet der Vater.
„Fein“, sagt Bammel, „dann geh doch zur Mutti in die Schule!“

Hans Stempel und Martin Ripkens

Meine Mutti

Meine Mutti ist die beste von allen. Ich möcht es ihr gern sagen, aber ich kann es nie! Alle Mühe ist umsonst, und dann tue ich irgend etwas, das sie traurig macht, genau das Gegenteil. Ich liege abends im Bett und denk darüber nach. Plötzlich geht die Tür auf, und meine Mutti sieht, ob ich schlafe. Und ich mache schnell die Augen zu. Dann gibt sie mir einen Kuß, und ich denke, daß sie doch vielleicht weiß, wie lieb ich sie habe.

Susanne, 6 Jahre

GESPRÄCHSTHEMEN

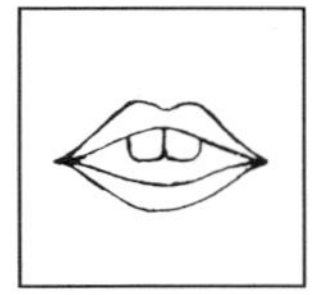

– Was die Mutter so alles tut ...

– Wie ich der Mutter helfen kann.

LIEDER UND SPIELLIEDER

Heute ist ein froher Tag!

2. Niemand kann es uns verwehren,
uns're Mutter heut zu ehren,
ihr zu sagen mit Gesang
für die Liebe tausend Dank.

Aus: Elisabeth Satory, *Das Kindergartenjahr,* 12. Aufl. 1987, Verlag Styria, Graz/Wien/Köln

Kommt, wir wollen Blumen pflücken

2. Kommt, wir wollen Lieder singen,
hell und munter soll es klingen.
Morgen, ja morgen ...

3. Bunte Blumen, frohe Lieder
bringen wir der Mutter wieder.
Morgen, ja morgen ...

Liebe Mutter

Text: Rudolf Otto Wiemer Melodie: Herbert Beuerle

2. Liebe Sonne, liebe Sonne, schein hell und schein klar,
wir wünschen der Mutter ein fröhliches Jahr.

Kein Vogel sitzt in Flaum und Moos

2. Und tut mir weh mein Kopf und Fuß, vergeht mir aller Schmerz,
   gibt mir die Mutti einen Kuß und drückt mich an ihr Herz.

MALEN UND BASTELN

Die Kinder stellen Muttertagsgeschenke her:
- sie pflanzen eine Topfblume in einen selbst bemalten Blumentopf;
- sie basteln einen Papierblumenstrauß und stecken ihn in einen selbst bemalten Blumentopf;
- sie wählen ein hübsches Foto aus, das sie selbst oder die Mutter zeigt, und basteln einen Rahmen dafür;
- sie malen ein Schattenbild (Siebdrucktechnik);
- Sie bemalen oder bedrucken Kleiderbügel;
- sie rühren eine Handcreme an.

REIME, GEDICHTE, RÄTSEL

Liebe Mutti, nimm entgegen,
was ich hier für dich gemacht,
sieh an dieser kleinen Gabe,
daß ich deiner hab gedacht!

*

Ich wünsch' dir, liebes Mütterlein,
ein Leben voller Sonnenschein.
Du bist so gut und sorgst für mich,
von ganzem Herzen lieb' ich dich.

*

Meine liebe Mutter du,
ich will dir Blumen schenken.
Was ich dir sagen will dazu,
das kannst du dir schon denken.
Ich wünsch' dir Glück und Fröhlichkeit,
die Sonne soll dir lachen!
So gut ich kann und allezeit,
will ich dir Freude machen.
Denn Muttertage, das ist wahr,
die sind an allen Tagen.
Ich hab dich lieb das ganze Jahr!
Das wollte ich dir sagen.

*

Von allen Müttern auf der Welt
ist keine, die mir so gefällt
wie meine Mutter, wenn sie lacht,
mich ansieht, mir die Tür aufmacht.
Auch wenn sie aus dem Fenster winkt
und mit mir rodelt, mit mir singt
und nachts in Ruhe bei mir sitzt,
wenn's draußen wettert, donnert, blitzt,
und wenn sie sich mit mir versöhnt,
und wenn ich krank bin, mich verwöhnt –
ja, was sie überhaupt auch tut,
ich mag sie immer, bin ihr gut.
Und hin und wieder wundert's mich,
daß wir uns fanden – sie und ich.

*

Liebe Mutter, nimm als Gabe
dieses Blumensträußchen an.
Es ist alles, was ich habe,
alles, was ich bringen kann.

Aber ich will mich bemühen,
immer fromm und gut zu sein.
Wenn die Blumen dann verblühen,
sollst du dich an mir erfreun.

*

Wär ich recht groß und reich und stark,
und hätte viel, viel Geld,
dann kauft' ich dir zum Muttertag
gewiß die ganze Welt.

So aber bin ich noch ein Kind,
bin auch noch viel zu klein,
drum stell' ich mich zum Muttertag
nur mit dem Sträußchen ein.

*

Jedes Kind hat eine Mutter,
jede Mutter hat ein Kind,
und wir freuen uns von Herzen,
weil wir Mutters Kinder sind.

Jeder Strahl hat eine Sonne,
jede Sonne einen Strahl,
und wir wünschen unsrer Mutter
Sonnenstrahlen ohne Zahl.

Jeder Stern hat einen Himmel,
jeder Himmel einen Stern,
und wir haben unsre Mutter
über alle Sterne gern.

Jede Katze hat ein Kätzchen
und das Kätzchen schreit: miau!
Meine Mutter ist die beste,
und das weiß ich ganz genau.

Jede Wiese hat ein Gräslein
und das Gräslein, das ist grün,
und ich pflücke meiner Mutti
Löwenzahn und Rosmarin.

Jeder Vogel hat ein Liedchen
und das Liedchen, das heißt: piep!
Und ich habe eine Mutti,
und die Mutti hat mich lieb.

*

Ich bin noch ein Dreikäsehoch
und trage viele Wünsche doch
in meinem kleinen Herzen.

Die Mutter, die kocht gar so gut,
und wenn mir etwas wehe tut,
so heilt sie alle Schmerzen.

Und auf der ganzen weiten Welt
gibt's nichts, was mir so gut gefällt,
als meine Mutter eben.

Drum wünsche ich ihr recht viel Glück
und ein ganz großes Kuchenstück
und ein recht langes Leben.

*

Ein Sträußlein hab ich dir gemacht,
schau nur, wie jedes Blümlein lacht.
Das rote sagt: Ich hab dich lieb,
das gelbe: Einen Kuß mir gib,
die blauen sagen leis' und fein:
Sollst immer froh und glücklich sein.

*

Ich lieb dich so fest
wie der Baum seine Äst,
wie der Himmel seine Stern,
grad so hab ich dich gern.

Volksgut

*

Was immer dich bekümmern mag,
vergiß es heut am Muttertag.
Hab ich dir manchmal weh getan,
verzeih es, bitte, denk nicht dran!
Ganz leise will ich sagen dir:
Du bist die Allerliebste mir!

Maria Janner

Die Stimme meiner Mutter

Mutter sagte zu mir:
„Paß auf dem Weg zur Schule gut auf!"
Ich sagte zu ihr:
„Hab keine Sorge, bye-bye."
Und die Stimme meiner Mutter ging mit mir,
ging mit mir zur Schule.

Peter, 6 Jahre

Zum Muttertag

Ach, liebe Mutter, ich weiß es ja:
Du hast mich lieb das ganze Jahr.

Viel öfter wollte ich danken dir!
Ich tu' es jetzt. Und glaube mir,

daß jede Blume, die du hier siehst,
dir sagen soll, wie lieb du mir bist.

Walter Mahringer

Aus: Teddy 5(1975). Mit freundlicher Genehmigung des J. F. Schreiber Verlags, Esslingen

Gedicht: **Für die Mutter**
siehe Bd. 1, Kap. A6. Meine Familie, S. 131

SONSTIGE AKTIVITÄTEN

- Die Kinder backen Kuchen und laden die Mütter zum Kaffee ein.
- Die Erzieherin studiert mit den Kindern ein Lied, ein kleines Stück oder einen Tanz ein und führt es den Müttern vor.

6. Geburtstag

Zum Geburtstag alles Gute!

BILDERBÜCHER UND SACHBÜCHER

Hertz, G./Clante, I.: *Das gelbe Haus,* Carlsen Verlag, Reinbek 1981

Janosch: *Ach lieber Schneemann,* Orell-Füssli, Parabel Verlag, München 1980

Zolotow, C./Sendak, M.: *Herr Hase und das schöne Geschenk,* Diogenes Verlag, Zürich

GESCHICHTEN UND MÄRCHEN

Steffi hat Geburtstag

Steffi hat Geburtstag. „Herzlichen Glückwunsch, Steffi“, sagt die Mutter. „Herzlichen Glückwunsch, Steffi“, sagt der Vater, und beide geben ihr einen Kuß.

Auf dem Frühstückstisch stehen Blumen und Kerzen. Und neben den Kerzen sitzt ein weißer Hase aus Wolle. Er hat lange Ohren und einen Stummelschwanz.

„Das ist Muckel Schlappohr“, sagt der Vater „Er will bei dir bleiben.“ Da freut sich Steffi. Sie nimmt Muckel Schlappohr in den Arm und streichelt ihn.

Am Nachmittag kommt die Oma zu Besuch. Till und Anna aus dem Nachbarhaus kommen auch. Die Oma schenkt Steffi ein Bilderbuch. Till und Anna schenken ihr ein grünes Auto und einen Ball. Es gibt Kuchen und Schlagsahne, und auf dem Tisch brennen die Kerzen. „Weil ich Geburtstag habe“, sagt Steffi.

Nach dem Kaffeetrinken liest die Oma eine Geschichte vor. Dann spielen alle zusammen Blinde Kuh und Topfschlagen und Verstecken. Und zum Schluß spielt der Vater auch noch Kasperltheater. „Seid ihr alle da?“ ruft der Kasperl. „Ja!“ rufen Steffi und Till und Anna und die Oma und die Mutter. „Und wer hat Geburtstag?“ fragt der Kasperl. „Steffi!“ rufen alle.

Aber am Abend ist der Geburtstag vorbei. Die Mutter bringt Steffi zu Bett. „Wann habe ich wieder Geburtstag?“ fragt Steffi. „Im nächsten Jahr“, sagt die Mutter. „Dann bekommst du eine Kerze mehr, und wir können wieder feiern.“ „Mit Till, mit Anna und mit der Oma“, sagt Steffi. Sie nimmt den weißen, weichen Muckel Schlappohr in den Arm und schläft ein.

Aus: Irina Korschunow, *Steffis roter Luftballon,* © 1978 Irina Korschunow, c/o Deutscher Taschenbuch Verlag, München

Märchen
Gebrüder Grimm: *Dornröschen*

KÄUFLICHE SPIELE

Wir legen Geschichten
Finken Verlag

LIEDER UND SPIELLIEDER

Wenn ein Kind Geburtstag hat

Text: Lieselotte Holzmeister Melodie: Liselotte Rockel

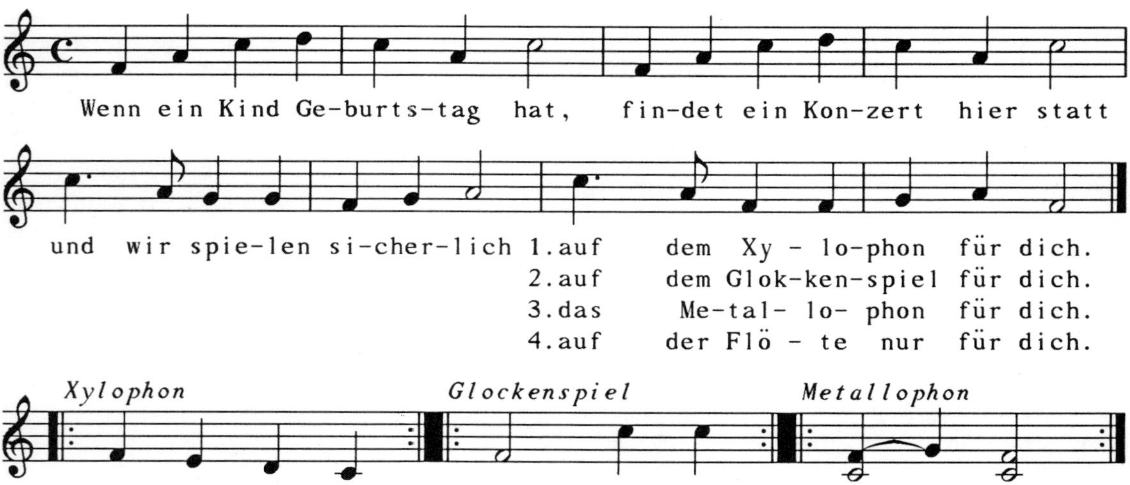

Aus: Liselotte Rockel, *Das zweite Liedernest*, Fidula-Verlag, Boppard/Rhein u. Salzburg

Dornröschen

Altes Kinderlied

2. Dornröschen, nimm dich ja in acht, ja in acht ...
3. Da kam die böse Fee herein, Fee herein ...
4. Dornröschen, du sollst sterben, sterben ...
5. Da kam die gute Fee herein, Fee herein ...
6. Dornröschen, schlafe hundert Jahr, hundert Jahr ...
7. Da wuchs die Hecke riesengroß, riesengroß ...
8. Da kam ein junger Königssohn, Königssohn ...
9. Er schlug die Hecke ganz entzwei, ganz entzwei ...
10. Dornröschen, wache wieder auf, wieder auf ...
11. Da feiern sie ein Hochzeitsfest, Hochzeitsfest ...
12. Und alle Leute freuen sich, freuen sich ...

Die Kinder stehen mit gefaßten Händen im Kreis. Die Rollen werden verteilt.

1. *Dornröschen sitzt in der Mitte des Kreises, die Kinder gehen singend herum.*
2. *Dornröschen wird von den Kindern mit erhobenem Zeigefinger gewarnt.*
3. *Die böse Fee geht im Kreis um Dornröschen herum, bleibt beim Strophenschluß stehen.*
4. *Die böse Fee bewegt die ausgestreckten Arme gegengleich über Dornröschen und singt ihren Fluch. Dornröschen legt sich nieder. Die Fee verläßt den Kreis.*
5. *Die gute Fee betritt den Kreis und geht um Dornröschen herum.*
6. *Die gleichen Bewegungen wie bei der bösen Fee, sie singt ihren Spruch.*
7. *Die Kreiskinder fassen sich an den Händen und halten diese in die Höhe (als Hecke).*
8. *Der Königssohn reitet um die Dornenhecke.*
9. *Er „durchschlägt" die Hecke.*
10. *Er weckt Dornröschen mit den gleichen Bewegungen wie bei den Feen.*
11. *Königssohn und Dornröschen fassen sich an den Händen und tanzen im Kreis.*
12. *Sie tanzen weiter – die Kinder im Kreis klatschen. Zuletzt kann das „ganze Volk" tanzen.*

Aus: Elisabeth Salzer, *Rundherum im Kreis*, Don Bosco Verlag, München

Geburtstagsgruß

Text: Paula Dehmel   Melodie: Karl Marx

2. Guckt das Eichhörnchen runter:
   Wenig Zeit, wenig Zeit!
   Guten Morgen, Rumpumpel!
   Dein Geburtstag ist heut.

3. Kommt das Häschen gesprungen,
   macht Männchen vor Freud:
   Guten Morgen, Rumpumpel!
   Dein Geburtstag ist heut.

4. Steht der Kuchen auf dem Tische,
   macht sich dick, macht sich breit:
   Guten Morgen, Rumpumpel!
   Dein Geburtstag ist heut.

5. Und der Vater und Mutter,
   alle Kinder, alle Leut
   schreien: Hoch der Rumpumpel!
   Sein Geburtstag ist heut.

Aus: *Klavierbüchlein für Peter* (BA 1428), Bärenreiter Verlag, Kassel

Glückwunsch

Melodie: Hans Lang

Zum Geburtstag viel Glück,
zum Geburtstag viel Glück,
alles Gute zum Geburtstag,
zum Geburtstag viel Glück.
(Nach der Melodie: Happy Birthday to you)

Lied: **Wir wollen dir gratulieren**
siehe Bd. 2, Kap. A 16. Viele Stunden machen ein Jahr, S. 121f

Lied: **Wir feiern ein Familienfest**
siehe Bd. 1, Kap. A3. Essen und Trinken, S. 74f

MALEN UND BASTELN

Die Erzieherin und die Kinder basteln einen Geburtstagskalender, in den alle Kinder der Gruppe eingetragen werden (Gemeinschaftsarbeit).

Die Kinder
- malen Einladungskarten;
- schneiden und bekleben Platzdeckchen für die Geburtstagstafel;
- basteln Geburtstagshüte, Kronen und Kränze.

REIME, GEDICHTE, RÄTSEL

Ich bin zwar klein und weiß nicht viel,
doch bin ich heute auch nicht still:
Ich wünsche dir mit Herz und Mund,
bleib immer fröhlich und gesund.

*

Alles, was dich hoch erfreut,
wünsch' ich dir von Herzen heut.

*

Was soll ich dir sagen, was soll ich dir geben,
ich hab ein so junges, so kleines Leben,
ich hab ein Herz, das fühlt und spricht:
„Ich hab dich lieb!" Mehr weiß ich nicht.

*

Ich bin klein, mein Wunsch ist klein,
der (die) ... soll recht glücklich sein.

*

Geburtstag ist ein schönes Fest,
da wünscht man sich das Allerbest'.
Drum steh ich da und sage heut:
Ich wünsche Glück und recht viel Freud'.

TANZ- UND BEWEGUNGSSPIELE

Geburtstagstanz

Text, Melodie und Tanzform: Anneliese Gaß-Tutt

(Teil C kann wiederholt werden)

AUFSTELLUNG: Kreis, Blick zur Mitte, durchgefaßt.
SCHRITTARTEN: Gehschritt, Kinderhüpfschritt.
TANZFORM 1: Teil A: Alle im Kreis 4 Schritte vor und wieder zurück.
Wiederholen.

Teil B: Alle stehen und fragen. Die Geburtstagskinder des jeweiligen Monats antworten und treten in den Kreis.

Teil C: Die Geburtstagskinder drehen sich im Kreis um sich selbst herum. Die andern klatschen.

TANZFORM 2:
Teil A: Wie oben.
Teil B: Wie oben.
Teil C: Die Geburtstagskinder hüpfen im Kreis in Tanzrichtung und stellen sich danach wieder in den Kreis zurück.

TANZFORM 3:
Teil A: Wie oben.
Teil B: Wie oben.
Teil C: Die Geburtstagskinder fassen sich innerhalb des Kreises zu einer Reihe und hüpfen in Tanzrichtung. Danach stellen sie sich wieder auf ihren Platz.

HINWEISE: Die Tanzform 1 ist für Kinder aller Altersstufen geeignet.
Bei kleineren Kindern ist es ratsam, ihre Geburtsmonate zu kennen oder sich zu vergewissern, daß ihn jedes Kind kennt.

Aus: Anneliese Gaß-Tutt, *Tanzkarussell 1,* Fidula-Verlag, Boppard/Rhein u. Salzburg

SONSTIGE AKTIVITÄTEN

- Die Erzieherin und die Gruppe veranstalten eine Geburtstagsfeier für das Geburtstagskind.
- Die Kinder backen einen Geburtstagskuchen.
- Die Gruppe spielt das vom Geburtstagskind gewünschte Gesellschaftsspiel oder singt ihm sein Lieblingslied vor.
- Das Geburtstagskind darf sich ein Kasperlstück wünschen.

7. Erntedankfest

BILDERBÜCHER UND SACHBÜCHER

Mitgutsch, A.:
- *Von der Rübe zum Zucker*
- *Vom Korn zum Brot*
- *Vom Kern zur Birne*

Sellier Verlag, Freising

FINGERSPIELE

Das ist der Daumen,
der schüttelt die Pflaumen,
der hebt sie auf,
der trägt sie nach Haus
und der kleine Wuzzi-Wuzzi (oder Wicht)
ißt sie alle auf!

Apfelbaum schütteln

Wir gehen in den Garten
da steht ein Apfelbaum.

Wir schütteln ihn
wir rütteln ihn –
Halt schnell die Schürze auf!
Plumps, da ist der Apfel.

Zwei Finger wandern in den Garten. Dort steht, flach gereckt, leicht gespreizt die andere Hand als Apfelbaum. Die Wander-Hand packt die Baum-Hand am Daumen und rüttelt daran. Darauf verwandelt sie sich schnell (nach oben gewölbt) in die Schürze und fängt den Apfel (die nun zur Faust geballte Apfelbaum-Hand) auf.

Aus: Friedl Hofbauer, *Minitheater*, Herder Verlag, Wien

Das Märchen vom guten Kartoffelkönig.

Es war einmal eine große Kiste Kartoffeln. Es waren schöne, dicke Kartoffeln in der Kiste, eine noch dicker als die andere. Auf einmal aber, da hat es in der Kartoffelkiste gerufen: „Ich will nicht aufgegessen werden, ich mag nicht aufgegessen werden! Ich bin doch der große Kartoffelkönig!" Und das ist auch wahr gewesen. Mitten in der Kartoffelkiste hat der Kartoffelkönig gelegen. Der war so groß wie zwölf andere Kartoffeln zusammen.

Aber einmal, da ist die Großmutter in den Keller gekommen und hat ein Körbchen Kartoffeln geholt. Die wollte sie schälen und kochen zum Mittagessen. Und da hat sie den Kartoffelkönig auch in ihr Körbchen getan und hat gesagt: „Ei, was ist das für eine dicke Kartoffel!" Aber wie die Großmutter mit dem Körbchen aus dem Keller gekommen und über den Hof gegangen ist, da ist der Kartoffelkönig, eins, zwei, drei! aus dem Körbchen gesprungen und so geschwind in den Garten gerollt, daß ihn die Großmutter nicht mehr finden konnte. Und sie hat gesagt: „Ich will sie nur laufen lassen, die dicke Kartoffel, vielleicht finden sie arme Kinder und freuen sich."

Und der Kartoffelkönig ist immer weitergerollt, der große Kartoffelkönig. Da ist ihm der Igel begegnet und hat zu ihm gesagt: „Halt, warte ein bißchen, ich will dich aufessen heute mittag!" – „Nein", hat der Kartoffelkönig gesagt, „Großmutter mit der Brile hat mich nicht gefangen, und du, Igel Stachelfell, kriegst mich auch nicht!" Und eins, zwei, drei! ist er weitergerollt.

Da ist ihm das Wildschwein begegnet. „Halt, dicke Kartoffel", hat es zu ihm gesagt, „warte ein bißchen, ich will dich geschwind auffressen!" – „Nein", hat der Kartoffelkönig gesagt, „Großmutter mit der Brille hat mich nicht gefangen, Igel Stachelfell hat mich nicht gefangen und du, Wildschwein Grunznickel, kriegst mich auch nicht!" Und eins, zwei, drei! ist er weitergerollt in den Wald.

Da ist ihm der Hase begegnet, und der hat gerufen: „Halt, dicke Kartoffel, warte ein bißchen, ich will dich nur eben aufessen!" – „Nein", hat der Kartoffelkönig gesagt, „Großmutter mit der Brille hat mich nicht gefangen, Igel Stachelfell hat mich nicht gefangen, Wildschwein Grunznickel hat mich nicht gefangen, und du, Has' Langohr, kriegst mich auch nicht!" Und eins, zwei, drei! ist er weitergerollt durch den Wald, der große Kartoffelkönig.

Da sind ihm zwei arme Kinder begegnet, die waren schon lange auf dem Wege und hatten argen Hunger. Als sie die große, dicke Kartoffel sahen, haben sie gesagt: „Oh, was läuft da eine dicke Kartoffel! Wenn wir die hätten, dann könnte die Mutter uns einen großen, großen Reibertatsch davon backen!" Als das der Kartoffelkönig hörte, da ist er, eins, zwei, drei! den armen Kindern in ihr Körbchen gesprungen. Und die Kinder haben am Mittag einen großen, großen Reibertatsch davon gekriegt.

Wilhelm Matthießen

Das Birnenzwerglein

Unter einem Fichtenbäumchen am Rande des Waldes wohnte ein Waldzwerglein, nicht größer als ein kleiner Fichtenzapfen war es. Als es Herbst wurde, da dachte sich das kleine Männlein: „Es wird Zeit, daß ich mir im Dorf Birnen hole, damit ich im Winter auch Obst in meiner Vorratskammer habe." Und am nächsten Morgen zog es sein Röcklein an, schlüpfte in seine Schuhe, setzte seine rote Mütze auf, hing sich den Rucksack um und machte sich auf den Weg.
Aber als das Männlein ein Stück durchs hohe Moos gestapft war, oh, welcher Schreck! – da stand plötzlich ein Fuchs vor ihm und glühte es mit seinen mordlustigen Augen an. Hopp, hopp, rannte das Männlein zurück in sein Häuslein und dachte: „Da hätte ich jetzt mein Leben verlieren können. Lieber geh' ich morgen."
Am nächsten Tag zog das Zwerglein wieder sein Röcklein an, schlüpfte in seine Schuhe, setzte seine Mütze auf, hing sich den Rucksack um und machte sich auf den Weg. Es kam glücklich aus dem Wald hinaus und auf die große Wiese. Dort weideten die Kühe, und da streckte auch schon die größte von ihnen die lange, rauhe Zunge nach dem Waldzwerglein aus. Sie wollte es auffressen, als wäre es eine rote Wiesenblume. Wie rannte da das erschrockene Zwerglein zurück zu seinem Fichtenbäumchen! Dort dachte es sich: „Wenn morgen Sonntag ist, will ich es noch einmal wagen, denn da sind die Kühe sicher im Stall."
Am nächsten Morgen klangen wirklich die Sonntagsglocken vom Dorf herüber. Da kam das Zwerglein glücklich durch den Wald, glücklich über die Wiese, bis in den Obstgarten. Dort lachten die gelben Birnen vom Baum ihm zu. Aber die Birnen waren oben und das Zwerglein unten. Der Wind, der lustig in den Wipfeln tanzte, sah die Not des kleinen Wichtes und warf ihm eine der schönsten Birnen gerade vor die Füße. Wie sich das Zwerglein da freute! Es machte dem Wind eine tiefe Verbeugung und sagte: „Ich danke schön!" Dann stopfte es die Birne in seinen Rucksack, hing ihn um und trug ihn heim.
Und was meint ihr, was daheim mit der Birne geschah? Einen Teil davon aß das Zwerglein als Rohkost, aus einem Teil machte es Marmelade, einen Teil schnitt es fein säuberlich in kleine Stückchen und legte sie als Wintervorrat in Zukker ein, und aus dem Rest machte es süßen Birnenmost. Davon trank es so viel, daß die ganze Welt sich vor ihm drehte und daß es nicht mehr wußte, ob die Bäume tanzten oder ob es selber tanzte. Zuletzt fiel es müde um und schlief ein.

Aus: Jella Lepman, *Die schönsten Gute-Nacht-Geschichten*, © Verlag Ullstein GmbH, Berlin und Europa Verlag AG, Zürich

GESELLSCHAFTSSPIELE

Kartoffelwettrennen

Die Kinder stellen sich an der Startlinie auf. Jedes erhält einen Löffel mit einer Kartoffel. Auf ein Zeichen laufen alle los, umrunden ein Mal (z.B. einen Stuhl) und kehren zur Startlinie zurück. Wer seine Kartoffel verliert, scheidet aus.

GESPRÄCHSTHEMEN

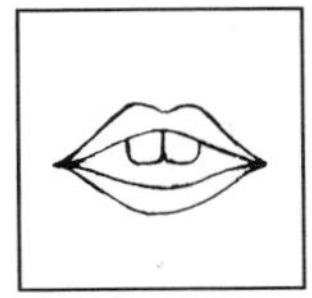

– Warum feiern wir Erntedank? (Erntedankfest)

KÄUFLICHE SPIELE

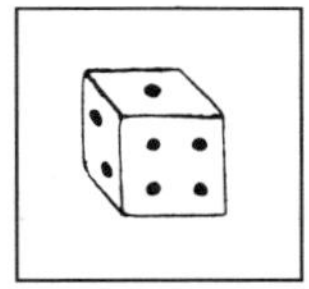

Vom Korn zum Brot
Zuordnungsspiel
Wehrfritz

Äpfelchen
Otto Maier Verlag, Ravensburg

LIEDER UND SPIELLIEDER

Alles lebt von deinen Gaben

Text: Volksgut   Melodie: Josef Strickling

2. Du hast uns noch nie vergessen, gib auch heute uns zu essen,
segne, Vater, was du gibst, segne, Vater, was du gibst.

Aus: Liselotte Rockel, *Das Liedernest,* Bd. 1, Fidula Verlag, Boppard/Rhein u. Salzburg

Bringt mir mal Kartoffeln her

Hanna Hanisch

Der Apfel am Baum

2. Liebe Birne ...
3. Liebe Zwetschge ...
4. Liebe Nüße ...

MALEN UND BASTELN

Die Kinder formen Früchte aus Knetmasse oder Salzteig.

Wir basteln eine Entenkrone

Material: Biegsame Ruten, Blumendraht, Bindfaden, Ähren, Strohblumen.
Weidenruten werden zu einem Reifen zusammengebunden. Zwei sich kreuzende Weidenruten bilden die Krone. Die Kreuzungsstellen binden wir mit Blumendraht fest. Nun bündeln wir die Ähren und wickeln sie um die Ruten. Mit Blumendraht festbinden. Wenn alles umwickelt ist, wird die Krone noch mit Strohblumen und Beeren geschmückt.

Mehrere kleine Erntekronen können auch als Tischschmuck verwendet werden.

REIME, GEDICHTE, RÄTSEL

Zum Erntedank

Der Sommer ist vergangen.
Die Felder stehen leer.
Die Ernte ist geborgen.
Die Früchte wiegen schwer.

Und denkt nur an den Samen.
Wie war er winzig klein.
Dann wuchs daraus ein Kürbis,
ein Bäumchen, Korn und Wein.

Es war ein reiches Ernten,
es war ein gutes Jahr,
weil Gottes stiller Segen
bei Saat und Wachsen war.

Wir brauchen nicht zu hungern,
wir werden wieder satt,
weil Gott in Feld und Garten
uns nicht vergessen hat.

Herbert Kümmel

Was das Korn erzählt

Erstes Kind
Gerste heiß ich.
Lustig weht mein langer Bart.

Alle Kinder
Wenn die Mühle klappert,
wird das Korn fürs Hühnchen aufbewahrt.

Zweites Kind
Roggen heiß ich.
Wachse hoch und schlank und fest.

Alle Kinder
Wenn die Mühle klappert,
gibt es dunkles Brot zum Erntefest.

Drittes Kind
Weizen heiß ich.
Habe viele Körner dick und gehl.

Alle Kinder
Wenn die Mühle klappert,
gibt es gutes, helles Weizenmehl.

Viertes Kind
Hafer heiß ich.
Meine Glöckchen schwingen leicht und frei.

Alle Kinder
Wenn die Mühle klappert,
gibt's fürs Kind den guten Haferbrei.

Die vier Kinder
Trefft ihr uns, so schaut uns freundlich an.
Danket Gott und dankt dem Bauersmann.

Hanna Hanisch

Apfelernte

Der Wind fährt durch den Apfelbaum
mit Pusten und mit Fegen.
Hollerboller Purzelbaum –
nein, so ein Apfelregen!

Herbei, ihr Kinder, aufgepaßt!
Nun breitet eure Schürzen,
damit die roten Äpfelchen
nicht auf die Nase stürzen.

Wenn aber eins danebenfällt,
das bringen wir nach Haus.
Da macht die Mutter Apfelmus
und Apfelkuchen draus.

Hanna Hanisch

Apfelbäumchen

Das ist ein Apfelbäumchen,
das ist ein Pflaumenbaum.
Sie hängen voller Früchte,
man sieht die Blätter kaum.
Da kommt der Wind geblasen,
huhu, der zaust sie sehr,
hu, das ist nicht zum Spaßen,
er zaust sie immer mehr.
Hu, jetzt wird's immer bunter,
und holterdipolter geschwind
plumpst alles, alles herunter –
schönen Dank, lieber Blasewind!

Aus: Irene Flemming, *Fingerspiele,* Verlag gruppenpädagogischer Literatur, Wehrheim

Der gute Herr Christoffel

Der gute Herr Christoffel,
der war eine Kartoffel,
aber jetzt, aber jetzt,
mit dem Hut aufgesetzt,
ist er der Herr Christoffel.

Jetzt kommt Herr Knups, der liebe,
der war doch eine Rübe,
aber jetzt, aber jetzt,
mit der Mütze aufgesetzt,
ist er Herr Knups, der liebe.

Jetzt kommt der Peter Zapfel,
der war einmal ein Apfel,
aber jetzt, aber jetzt,
mit dem Kappel aufgesetzt,
ist er der Peter Zapfel.

Jetzt kommt die schöne Braut,
die war ein dickes Kraut,
aber jetzt, aber jetzt
mit dem Schleier aufgesetzt,
ist sie die schöne Braut.

Du schöne, schöne Braut,
mit wem wirst du getraut?
Mit dem guten Herrn Christoffel?
Nein, der war eine Kartoffel.
Den mag ich nicht zum Bräutigam,
ich schau mir einen andern an.

Du schöne, schöne Braut,
mit wem wirst du getraut?
Mit dem guten Peter Zapfel?
Nein, der war einmal ein Apfel.
Den mag ich nicht zum Bräutigam,
ich schau mir einen andern an.

Du schöne, schöne Braut
mit wem wirst du getraut?

Ich nehm Herrn Knups von Rüben,
den kann ich wirklich lieben.

Hoch, hoch, hoch,
jetzt kriegen sie sich doch,
Bräutigam und Braut,
Kraut Kraut Kraut
und Rü-ü-ben.

Die handelnden Personen sind leicht herzustellen. Die Zuschauer dürfen nach einer selbsterfundenen Melodie mitsingen.

Aus: Friedl Hofbauer, *Minitheater*, Herder Verlag, Wien

Die Früchte werden eingekellert

„Nur her, nur her!"
sagt der Keller.
„Alles ist leer:
die Kisten und Teller,
Stellagen und Säcke!
Füllt mich an bis zur Decke:
der Winter ist lang!"
„Jawohl, bringt alles ins Haus
mit Körben und Wagen",
kichert leise die Maus,
„ich brauch was zum Nagen!"

Walter Mahringer

*

Es war voll Äpfel ein Apfelbaum,
der hatte sieben Äste,
auf jedem Ast ein Männlein saß,
das waren sieben Gäste.
Der Montag hat den Stamm gerüttelt,
der Dienstag hat die Zweige geschüttelt,
der Mittwoch hebt die Äpfel auf,
der Donnerstag legt sie schön zu Hauf',
der Freitag hat sie geputzt und gezählt,
der Samstag die schönsten sich ausgewählt;
der Sonntag aber ruft: „So ein Glück!"
und ißt alle Äpfel im Augenblick.

Mündliche Überlieferung

*

Im Häuschen mit fünf Stübchen,
da wohnen braune Bübchen.
Nicht Tür noch Tor führt ein und aus.
Wer sie besucht, der ißt das Haus.
(Der Apfel)

*

Wer ist so klug, wer ist so schlau,
dem schüttel ich's vom Bäumchen.
Ist innen gelb und außen blau,
hat mittendrin ein Steinchen.
(Die Pflaume)

Friedrich Güll

*

Es geht doch komisch zu in der Welt:
Im Frühjahr versteckt mich der Bauer im Feld.
Im Herbst zieht er aus mit Frau und Kind
und sucht, bis er mich wiederfind't.
Aber dann bin ich nicht mehr allein.
Ich hab eine Menge Kinderlein.
(Die Kartoffel)

Olga von Stückrath-Sawitz

*

Ratet, Kinder, was ich bin,
hänge hoch im Baume drin,
hab' rote Wangen, ein Stenglein auch
und eine dicken, runden Bauch.
(Der Apfel)

*

Alle guten Gaben,
alles, was wir haben,
kommt, o Gott, von dir.
Wir danken dir dafür.

SONSTIGE AKTIVITÄTEN

Die Kinder
- riechen, betasten und schmecken Obst und Gemüse;
- zerteilen Früchte, betrachten Kernhaus, Fruchtfleisch und Schale;
- bereiten Kompott oder Obstsalat zu.

Die Erzieherin
- beobachtet je nach Landesgegend mit den Kindern den Vorgang der Ernte (Kartoffel, Getreide, Weinlese, Zuckerrüben usw.);
- besucht mit den Kindern eine zum Erntedankfest geschmückte Kirche.

Die Gruppe feiert gemeinsam ein Erntedankfest.

8. St. Martin

BILDERBÜCHER UND SACHBÜCHER

Quadflieg, J.: *Aus dem Leben des Hl. Martin,* Patmos Verlag, Düsseldorf
Dazu die Dia-Reihe: Becker, I./Peter, O./Probst, O.: *Aus dem Leben des Hl. Martin*, Calig Verlag, München

Schindler, R.: *Martinus teilt den Mantel,* Ernst Kaufmann Verlag, Lahr 1990
St. Martin, Christophorus Verlag, Freiburg 1981

GESCHICHTEN UND MÄRCHEN

St. Martinus, der fromme Reitersmann

Der heilige Martinus ist einmal an einem späten Abend über die Heide geritten. Steinhart ist der Boden gefroren, und das klingt ordentlich, so oft das Roß seinen Fuß in die Erde setzt. Die Schneeflöcklein tänzeln umher, kein einziges vergeht. Schon will die Nacht anbrechen, und das Roß trabt über die Heide, und der Reitersmann zieht seinen weiten Mantel zusammen, so eng es hat gehen mögen.
Und wie er so hinfährt, da sieht er auf einmal ein Bettelmännlein an einem Stein; das hat nur ein zerrissenes Jöpplein an und zittert vor Kälte und hebt sein betrübtes Auge auf zum hohen Roß. Hu! und wie das der Reiter sieht, hält er sein Tier an und ruft zum Bettler nieder: „Ja, du lieber, armer Mann, was soll ich dir reichen? Gold und Silber hab' ich nicht und mein Schwert kannst nimmer brauchen. Wie soll ich dir helfen?" Da senkt der Bettelmann sein weißes Haupt nieder gegen die halbentblößte Brust und tut einen Seufzer.
Der Reiter aber zieht sein Schwert, nimmt seinen Mantel von den Schultern und schneidet ihn mitten auseinander. Den einen Teil läßt er hinabfallen zu dem armen, zitternden Greise: „Hab' vorlieb damit, mein notleidender Bruder!" Den andern Teil des Mantels schlingt er, so gut es geht, um seinen eigenen Leib und reitet davon.
Wie der Reitersmann nachher in der Nacht daheim auf seinem harten Polster ruhsam schläft, kommt derselbe Bettler von der Heide zu seinem Bett, zeigt ihm lächelnd den Mantelteil, zeigt ihm die Nägelwunden an den Händen und zeigt ihm sein Angesicht, das nicht mehr alt und kummervoll ist, sondern strahlt wie die Sonne. Der Bettelmann auf der Heide ist der liebe Gott selber gewesen.

Peter Rosegger

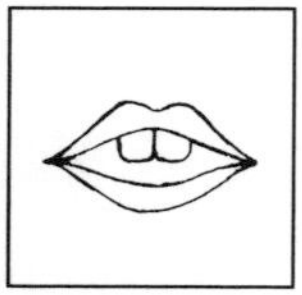

GESPRÄCHSTHEMEN

– Was können wir vom Hl. Martin lernen?

LIEDER UND SPIELLIEDER

Durch die Straßen

Text: Lieselotte Holzmeister Melodie: Richard Rudolf Klein

2. Wie die Blumen in dem Garten
blühn Laternen aller Arten:
rote, gelbe, grüne, blaue ...

3. Und wir gehen lange Strecken
mit Laternen an den Stecken:
rote, gelbe, grüne, blaue ...

Von der Fidula-Cassette 27 *„Martins- und Laternenlieder“,* Fidula-Verlag, Boppard/Rhein u. Salzburg

Martinslied

Text und Melodie: Aus Thüringen

2. Martin, Martin,
Martin ist ein lieber Mann.
Stimmt ihm frohe Lieder an,
daß er oben hören kann,
was er unten hat getan.

Laternchen, Laternchen

Nach der Überlieferung

Lichtlein, geh nicht aus

Nach der Überlieferung

Auch zum Schlußkreis oder beim Nachhausegehen

Ich hab eine feine Laterne

Text und Melodie: Horst Weber

2. Ich trag meine feine Laterne ganz ruhig vor mir her;
ich hab sie ja so gerne, sie wird mir nicht zu schwer. Laternenlicht ...

Kommt herab die dunkle Nacht

Text: Lieselotte Holzmeister
Kanon zu 2: Richard Rudolf Klein (auch 1 stg. zu singen)

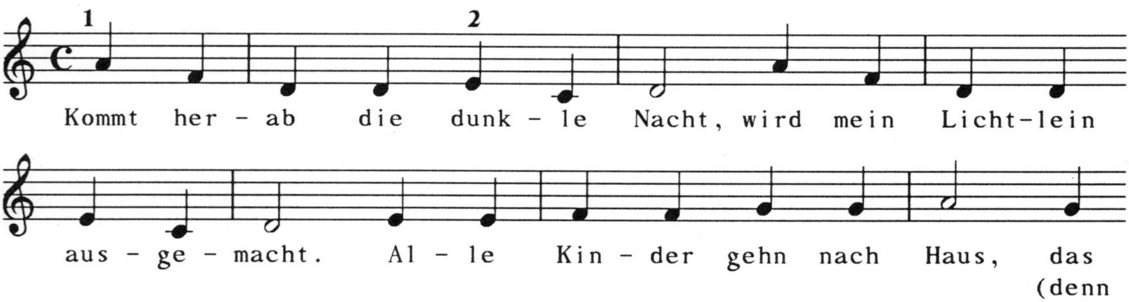

Zum Schlußkreis oder beim Nachhausegehen

Aus: Anneliese Gaß-Tutt, *Tanzkarussell 1,* Fidula-Verlag, Boppard/Rhein u. Salzburg

Sankt Martin

Text und Melodie: Aus dem Rheinland

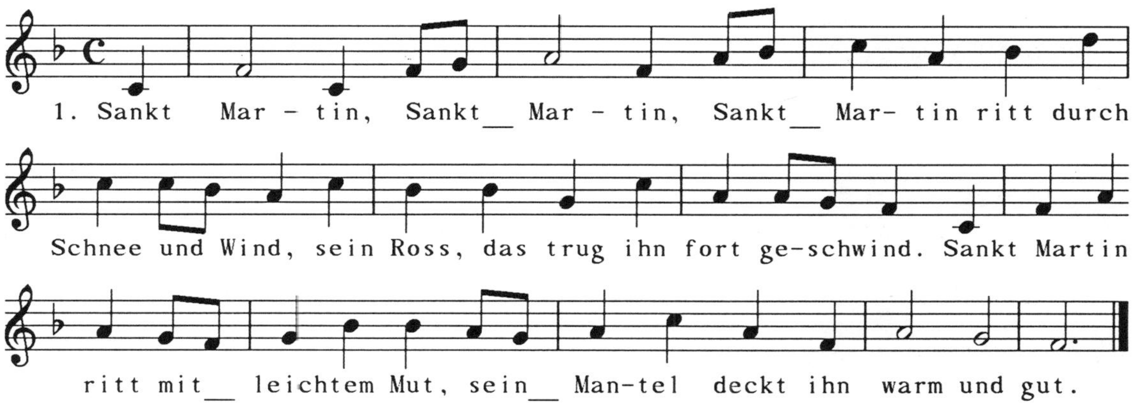

2. Im Schnee saß, im Schnee saß,
   im Schnee, da saß ein armer Mann,
   hat Kleider nicht, hat Lumpen an.
   „O helft mir doch in meiner Not,
   sonst ist der bittre Frost mein Tod!“

3. Sankt Martin, Sankt Martin,
   Sankt Martin zieht die Zügel an,
   das Roß steht still beim armen Mann.
   Sankt Martin mit dem Schwerte teilt
   den warmen Mantel unverweilt.

4. Sankt Martin, Sankt Martin,
   Sankt Martin gibt den halben still,
   der Bettler rasch ihm danken will.
   Sankt Martin aber ritt in Eil
   hinweg mit seinem Mantelteil.

Ich geh mit meiner Laterne

Text und Melodie: Aus Holstein

2. I: Laternenlicht, verlösch mir nicht!
Rabimmel, rabammel, rabumm. :I

3. I: Mein Licht ist aus, wir gehn nach Haus.
Rabimmel, rabammel, rabumm. :I

Laterne, Laterne

Text und Melodiefassung: Richard Rudolf Klein Kehrreim: volkstümlich

2. Wir tragen in die Nacht hinaus
Laternen, bunt und schön.
Dann löschen wir die Kerzen aus
und woll'n nach Hause geh'n.
Laterne, Laterne ...

Aus: *Willkommen, lieber Tag*, Bd. 2, Verlag Moritz Diesterweg, Frankfurt/Main

MALEN UND BASTELN

Die Kinder malen
- St. Martin auf dem Pferd;
- einen Laternenumzug (als Gemeinschaftsarbeit).

Die Kinder basteln
- Laternen;
- Gänse aus verschiedenem Material.

REIME, GEDICHTE, RÄTSEL

Martin

Ein armer, alter Bettler
saß vor der Stadt am Tor.
Der Winterwind blies bitterkalt.
Der Bettler saß und fror.

Da kam ein junger Reiter
auf einem weißen Pferd,
der hatt' einen warmen Mantel
und hatt' ein scharfes Schwert.

„Du junger, stolzer Reiter,
weißt nicht, wie die Kälte tut!
Du hast einen warmen Mantel,
der Mantel wärmt dich gut.“

Der Reiter sah den Bettler,
der frierend saß am Tor.
Da hielt er an sein weißes Pferd
und zog sein Schwert hervor.

„Du junger, stolzer Reiter,
ach bitte, töt mich nicht!
Ich bin ja nur ein Bettler,
der aus dem Weg dir kriecht."

Da sprach der junge Reiter
auf seinem Pferde weiß:
„Hab keine Angst, ich tu dir nichts,
so wahr ich Martin heiß.

Du sollst nicht Kälte leiden,
du bist mein Bruder wert.
Ich will meinen Mantel zerschneiden
mit meinem scharfen Schwert."

Er hat den Mantel zerschnitten,
er gab dem Bettler ein' Teil.
Dann ist er fortgeritten
im Schnee mit Windeseil.

Der Bettler kroch in sein Mantelstück
wie in ein warmes Haus,
der junge Reiter Martin
ritt in die Kälte hinaus.

Er ritt, erzählt man, zum Kaiser
und gab ihm das Schwert zurück.
„Ich will nicht mehr kämpfen und siegen,
ich will nicht mehr töten und kriegen,
ich will ein Hirte werden
für all meine armen Brüder auf Erden."

Kleine Laterne

Laternchen, Latern
bist ein winziger Stern –
Ich trag dich nach Haus.
Bitte, geh mir nicht aus!

Beide Gedichte aus: Friedl Hofbauer, *Minitheater*, Herder Verlag, Wien

Vor dem Laternenzug

Die Sonne hat von früh bis nacht
uns immer freundlich angelacht,
und trug die lange Sommerzeit
ihr schönes, goldnes Strahlenkleid.

Und hat im weiten, grünen Land
Tomaten, Äpfel reifgebrannt,
und gab zu ernten und zu essen.
Wir dürfen ihr es nicht vergessen.

Fürwahr, laßt uns die Sonne loben,
sie stand heut blaß und müde oben,
und bringt ihr einen Abschied dar,
denn nun beginnt das dunkle Jahr.

So stellt euch auf und zündet schnell
Laterne um Laterne hell,
und hebt das Licht und geht und singt,
daß es durch alle Gassen klingt.

Das Jahresrad will weiterdrehn.
Frau Sonne, drum auf Wiedersehn!

Theo Stracke

Laternenlied

Laternen auf der Straße,
Laternen vor dem Haus.
Alle unsre Kinder
ziehen mit hinaus.
Scheine hell, mein Leuchtlaternchen,
roter Mond und blaues Sternchen,
viele bunte Lichter.

Laternen auf der Wiese,
sie schweben wie im Flug.
Alle unsre Kinder
wandern mit im Zug.
Scheine hell, mein Leuchtlaternchen,
roter Mond und blaues Sternchen,
viele bunte Lichter.

*

Nun will es sachte dunkeln,
wir zünden ein helles Licht,
das soll im Dunkeln funkeln,
aus meinem Laternengesicht.

*

Heut zünde ich mein Lichtlein an,
damit ich besser sehen kann.
Es leuchten viele Sterne
und meine Stablaterne.

*

Laterne hell, Laterne bunt,
du leuchtest schön zur Abendstund',
wie Sternlein an der Stange,
drum bin ich gar nicht bange.

*

Was du teilen kannst,
wenn du klein bist:
den Apfel und das Brot.
Wenn du größer bist:
die Freude und die Not.

SONSTIGE AKTIVITÄTEN

- Laternenumzug in der Nähe des Kindergartens.
- Ein als St. Martin gekleideter Reiter besucht den Kindergarten.
- Die Kinder spielen die Legende von St. Martin.
- Die Kinder erleben sinnenhaft den Gegensatz zwischen Licht und Dunkelheit, Wärme und Kälte. (In einem verdunkelten Raum wird eine Laterne angezündet. Kalte Hände werden in ein wärmendes Tuch gehüllt.)

Die Themen der Reihe „Neue Wege der Sprachförderung" im Überblick

Band 1

Einführung mit systematischer Gesamtübersicht und zeitlichem Rahmenplan

A) Als thematische Schwerpunkte zu behandelnde Themen

A1. Mein Körper und meine Sinne
A2. Meine Kleidung und mein Schmuck
A3. Essen und Trinken
A4. Schlaf und Körperpflege
A5. Gesundheit und Krankheit
A6. Meine Familie
A7. Jung und Alt
A8. Wo und wie ich wohne
A9. Ich helfe im Haushalt

Band 2

A10. Mein Weg zum Kindergarten
A11. Wir gehen einkaufen
A12. Wir gehen auf die Post
A13. Unsere Stadt
A14. Land und Wasser
A15. Sonne, Mond und Sterne – Wind und Wetter
A16. Viele Stunden machen ein Jahr
A17. Ich komme in die Schule
A18. Was ich werden kann

Band 3

A19. Unser Auto
A20. Wir fahren in Urlaub

B) Im Jahreslauf bzw. im situativen Zusammenhang zu behandelnde Themen

B1. Unser Spielzeug
B2. Wir malen und basteln
B3. Wir treiben Sport
B4. Wo gehen wir heute hin?
B5. Feste feiern, wie sie fallen
   1. Der Nikolaus
   2. Weihnachten
   3. Fasching, Fastnacht, Karneval
   4. Ostern
   5. Muttertag
   6. Geburtstag
   7. Erntedankfest
   8. St. Martin

Band 4

B6. Tiere, die ich kenne
   1. Tiere bei mir zu Hause
   2. Tiere auf dem Bauernhof
   3. Tiere in Feld und Wald
   4. Tiere in fremden Ländern
   5. Kunterbuntes Allerlei
B7. Wir und die Natur
   1. Blumen und Gärten
   2. Obst und Gemüse
   3. Wald, Baum und Strauch
   4. Bauernhof und Feldarbeit
   5. Wir und unsere Umwelt
B8. Die Welt in uns – Gedanken, Gefühle, Werte

Das Grundlagenwerk zur Reihe „Neue Wege der Sprachförderung"

Wolfgang Maier

Deutsch lernen im Kindergarten

Die Praxis der Integration ausländischer Kinder

Eine in der Praxis bewährte methodische Anleitung zur Vermittlung der deutschen Sprache bei ausländischen Kindern in Form von abwechslungsreichen Sprachlernspielen. Ziele sind eine ausgewogene Förderung der Gesamtpersönlichkeit des Kindes und seine Chancengleichheit beim Schuleintritt.

172 Seiten, 8 S/W-Fotos, kartoniert, ISBN 3-7698-0600-X